高职英语教学方法与改革研究

崔翠 著

黑龙江教育出版社

图书在版编目（CIP）数据

高职英语教学方法与改革研究 / 崔翠著 .-- 哈尔滨：
黑龙江教育出版社 , 2024. 7
ISBN 978-7-5709-4579-5

Ⅰ . H319.3
中国国家版本馆 CIP 数据核字第 20246DG693 号

高职英语教学方法与改革研究
GAOZHI YINGYU JIAOXUE FANGFA YU GAIGE YANJIU
崔 翠 著

责任编辑	黄 倩	
封面设计	刊 易	
责任校对	王慧娟	
出版发行	黑龙江教育出版社	
	（哈尔滨市道里区群力第六大道 1313号）	
印 刷	哈尔滨午阳印刷有限公司	
开 本	787mm × 1092mm　　1/16	
印 张	14	
字 数	200千	
版 次	2025年 5月第 1版	
印 次	2025年 5月第 1次印刷	

书　　号 ISBN 978-7-5709-4579-5　　**定　　价**：68.00 元

如有印装质量问题 , 影响阅读 , 请与印刷厂联系调换。联系电话 :18946024270

如发现盗版图书 , 请向我社举报。举报电话 :0451-82533087

前　言

　　英语是高职教育的核心科目之一，英语教学的质量和效果直接关系到学生的综合素质和就业能力的提升。然而，目前高职英语教学面临着许多问题和挑战，需要我们进行深入的研究和改革。

　　《高职英语教学方法与改革研究》是一本针对高职院校英语教学的研究书籍。本书通过对高职英语教学现状、问题和挑战进行分析，探讨了国内外高职英语教学的发展趋势，并结合任务型教学法、合作学习、项目学习以及技术支持等方面的教学方法和改革进行探索，以期提高高职英语教学质量和培养学生的英语掌握能力。

　　高职英语教学在当前教育领域具有重要的地位和作用。随着社会经济的快速发展，高职院校的招生规模不断扩大，对英语人才的需求也日益增长。然而，传统的英语教学方法在满足高职学生需求上存在一定的不足。因此，本书旨在探讨适合高职英语教学的创新方法，并针对高职英语教学中存在的问题进行研究与解决，以提升高职英语教学质量和效果。

　　本书旨在为高职院校的英语教师和相关教育工作者提供有关高职英语教学方法与改革的理论与实践指导。通过研究和应用本书中提出的教学方法和策略，相信可以促进高职英语教学质量的提升，并为培养适应社会发展需求的英语人才做出积极贡献。

目　录

第一章　高职英语教学现状分析

第一节 高职英语教学的特点和挑战

高职英语教学是指在高等职业教育阶段进行的英语教学活动。随着中国高等教育的快速发展，高职院校越来越受到社会的关注和重视。在这样的背景下，高职英语教学拥有着一些独特的特点，也面临着许多挑战。

一、特点

（一）实用性强

高职英语教学具有实用性强的特点。这是因为高职院校的学生主要面向就业市场，他们需要掌握与工作相关的英语技能和知识。因此，高职英语教学注重培养学生实际运用英语的能力，以满足他们未来就业和工作的需求。

在高职英语教学中，教师们通过设计丰富多样的教学活动，使学生能够在真实的工作场景中应用所学的英语知识和技能。比如，教师可以组织学生进行角色扮演，模拟不同职业场景下的交流对话；或者让学生阅读真实的职业文档，如简历、工作邮件等，从中学习专业术语和表达方式。

高职英语教学还强调培养学生解决问题的能力。教师会鼓励学生参与实践项目、团队合作和创新活动，从中锻炼学生的英语沟通和协作能力。这样的教学方法能够使学生更好地适应职业环境，提高他们的就业竞争力。

同时，高职英语教学内容也紧密结合职业需求。教师会根据不同专业的要求，选择相关领域的英语教材和资源，使学生能够学到与自己未来专业相关的知识和技能。例如，在酒店管理专业中，教师可以引导学生学习与酒店服务有关的英语表达，如接待客人、处理投诉等。

（二）职业导向

高职英语教学具有职业导向的特点。这是因为高职院校的学生在完成学业后直接进入职场，他们需要具备与所学专业相关的英语能力和素养。因此，高职英语教学注重培养学生的职业素养和专业能力。

高职英语教学内容涵盖了与学生所学专业相关的词汇、语法和技能。教师会选择与不同专业领域相关的教材和资源，让学生学习并掌握与自己未来工作相关的英语知识。比如，在电子商务专业中，教师会重点教授与电子商务相关的词汇，如在线支付、网络营销等，并引导学生进行相应的实践操作。

高职英语教学注重培养学生的专业能力。教师会设计各种教学活动，使学生能够运用英语解决与自己专业相关的问题。例如，学生可以参与模拟项目，通过团队合作完成市场调研报告，并使用英语进行汇报和展示。这样的教学方法能够培养学生的创新思维和解决问题的能力，提升他们在职业领域中的竞争力。

高职英语教学还注重培养学生的跨文化交际能力。随着全球化的发展，职场环境中的跨文化交流变得越来越重要。因此，教师会引导学生了解不同文化背景下的沟通方式和礼仪，并进行跨文化交际的模拟练习。这样的教学方法可以帮助学生适应多元化的工作环境，提高他们的国际视野和文化适应能力。

（三）学生多样性

高职英语教学具有学生多样性的特点。由于高职院校招收的学生来自不同的背景和年龄段，他们具有不同的学习能力和需求。因此，高职英语教学需要采用灵活的教学方法和策略，以满足每个学生的学习需求。

教师在高职英语教学中需要了解学生的学习背景和差异，包括英语水平、学习风格和兴趣等方面的差异。这可以通过学生问卷调查、个别面谈等方式进行了了解。教师可以根据学生的差异性制订个性化的教学计划，为每个学生提供适合他们的教学内容和活动。

高职英语教学需要采用多元化的教学方法和资源。教师可以运用多媒体技术、互联网资源和学习软件等工具，丰富教学内容和形式。例如，教师可以设计线上学习平台，让学生可以根据自己的时间和进度进行学习；或者利用小组合作学习，让学生在小组中相互学习和交流，提高学习效果。

高职英语教学还可以借助小组讨论和合作项目等活动来促进学生之间的互动和合作。通过小组合作，学生可以相互帮助和学习，提高他们的英语交流和协作能力。这也能够增加学生对不同观点和思维方式的理解和尊重。

二、挑战

（一）英语水平参差不齐

高职英语教学面临英语水平参差不齐的挑战。由于所招的学生英语基础不同，他们的英语水平存在较大差异。这对教师来说是一个挑战，需要设计差异化的教学内容和活动，以满足每个学生的学习需求。

为了应对这一挑战，教师可以采用个性化的教学方法，根据学生的英语水平和学习能力制订不同层次的教学计划。例如，对于英语基础较弱的学生，教师可以提供更多的练习机会和辅导，帮助他们打下扎实的基础；而对于英语水平较高的学生，教师可以设置更高难度的教学任务，激发他们的学习兴趣和挑战动力。

教师还可以采用分组合作学习的方式，让学生之间相互学习和相互帮助。通过小组合作，学生可以在合作中互相补充和协助，共同解决语言难题。这样的教学方法可以促进学生之间的互动和合作，提高他们的学习效果，并且能够为学生提供更多个性化的学习机会。

教师还可以使用多种教学资源和工具，以满足不同学生的学习需求。例如，教师可以选择适合不同英语水平学生的教材和教学资源，如分级阅读材料、英语听力材料等。同时，教师可以借助技术手段，如在线学习平台或语言学习应用程序，为学生提供个性化的学习支持和反馈。

（二）学科融合难度大

高职英语教学面临学科融合难度大的挑战。在高职院校，英语教学需要与学生所学专业进行融合，使英语教学与专业课程相互促进，以提高学生的综合能力和就业竞争力。然而，实现这种融合并不容易，需要教师具备跨学科的知识和技能，并与其他专业教师紧密合作。

为了应对这一挑战，教师可以通过深入了解专业课程，掌握与专业相关的词汇、概念和技能，从而将英语教学与专业课程有机地结合起来。例如，在商务管理专业中，教师可以选择与商务管理相关的英语教材和案例，让学生通过英语学习理解和运用专业知识。

教师还可以与专业教师进行密切合作，开展跨学科的教学活动。通过与专业教师的沟通和协作，教师可以了解专业课程的要求和学生的学习重点，将这些信息融入英语教学中。例如，教师可以组织学生进行专业领域的小组项目，要求学生在团队合作中使用英语进行讨论和报告，从而加深对专业知识的理解和应用。

教师还可以通过行业实践和实习机会，让学生将所学的英语知识和技能应用到实际工作中。例如，在酒店管理专业中，教师可以组织学生参观酒店、与实际从事酒店工作的人员交流，并要求学生用英语完成相关的报告和演示。这样的实践活动可以帮助学生将英语学习与实际工作场景相连接，提高他们的职业素养和实践能力。

（三）教育资源匮乏

高职英语教学面临教育资源匮乏的挑战。相对于普通本科院校，高职院校在教育资源方面可能存在一定限制，包括教材、实验设备和师资等。

教材选择是一个重要的问题。由于资源有限，高职英语教师可能难以获得最新、全面的教材。为了应对这一挑战，教师可以充分利用现有的教材，并通过创新教学方法来拓宽教学内容。教师还可以鼓励学生积极寻找相关的学习资源，如在线学习平台、电子图书等，以扩大学生的知识广度。

实验设备和教学工具的匮乏也是一个问题。某些专业可能需要进行实践操作和技能训练，但由于资源有限，高职院校可能无法提供充足的实验设备。在这种情况下，教师可以寻找其他解决方案，如与企业合作，借用他们的设备和场地进行实践操作；或者探索虚拟实验室等在线资源，为学生提供模拟实验的机会。

高职院校的师资力量也可能受到限制。由于教师数量有限，可能存在缺乏相关专业背景和经验的情况。为了克服这一挑战，高职英语教师可以积极参加教育培训和交流活动，不断提升自己的教学能力，增加专业知识。同时，教师还可以与其他学校或机构进行合作，共享师资资源，以丰富教学团队的专业背景。

在面对教育资源匮乏的挑战时，创造更多的教学机会和实践环境是非常重要的。教师可以通过灵活多样的教学方法和策略，利用现有的资源，与学生共同探索和创造新的学习机会。例如，组织学生参加实地考查、行业讲座和社会实践等活动，为学生提供实际应用的机会。

第二节 高职英语教学中存在的问题

在高职英语教学中，虽然有一些积极的进展，但仍然存在一些问题。以下是对高职英语教学中存在的问题的分析。

一、考试导向

在高职英语教学中，考试导向是一个普遍存在的问题。这种情况主要表现在以下几个方面：

（一）教学内容偏重应试技巧和题型训练

由于学生需要通过英语考试来获得相关证书或晋升机会，教师往往将重点放在应试技巧和题型训练上。他们会把大量时间用于教授解题技巧、提供模拟试题和进行反复练习。因此，教学内容过多地侧重于应试技巧的灌输，而忽视了真正的语言能力培养。

（二）题海战术和死记硬背

考试导向的教学方法通常倾向于使用题海战术和死记硬背的方式来应对考试。学生被要求记住大量的单词、短语和固定句式，以便在考试中迅速应对各种题型。然而，这种机械的记忆方式无法真正提高学生的语言运用能力和思维能力，只是暂时性地达到了应试的目的。

（三）忽视语言交际能力的培养

高职英语教学中，由于过多关注考试成绩，往往忽视了学生的实际语言交际能力的培养。教师往往只注重学生在听、说、读、写四个方面的分离训练，而缺乏将这些技能综合运用的机会。因此，学生在实际交流中可能会遇到困难，无法流利、准确地表达自己的意思。

（四）考试压力过大导致学生焦虑和学习动力下降

由于考试带来的压力和焦虑，学生可能会失去对英语学习的兴趣和动力。他们可能会把学习目标仅限于应付考试，而缺乏真正的学习热情。这种情况不仅影响了学生的学习效果，还可能导致他们对英语学习兴趣的持续性下降。

为了解决高职英语教学中存在的考试导向问题，教师应在教学中平衡应试技巧的训练与语言能力的培养，注重培养学生的听、说、读、写能力和语言交际能力，而不仅仅局限于题型和应试技巧的训练。

教师可以引入真实的语言材料和情境，如新闻报道、实地考查等，使学生能够在实际场景中应用所学知识，并提供更多的口语和写作练习的机会。

教师可以采用互动式教学方法，鼓励学生参与讨论、小组活动和角色扮演等，以增加学生的学习积极性和主动性，促进其语言交际能力的提升。

根据学生的兴趣、能力和学习目标，教师可以提供个性化的学习资源和活动，以满足不同学生的需求。同时，给予学生更多的自主学习的机会，让他们能够根据自己的学习风格和节奏进行学习。

教师可以充分利用教育技术，如多媒体、网络资源和在线学习平台等，为学生提供丰富的学习资源和互动环境，增强他们的学习动力和学习效果。

二、传统教学方法

在高职英语教学中，传统的教学方法以教师为中心，注重知识传授和灌输，缺乏互动和合作学习的机会。

（一）学生被动接受教师的知识灌输

传统的教学方法将学生视为知识的接收者，而教师则扮演着知识的传授者的角色。教师主导课堂，通过讲解、讲义和习题等方式向学生传授知识。这种单向传授的方式使学生在课堂学习中变成了被动的接受者，无法主动参与到英语学习过程中。

（二）缺乏互动和合作学习的机会

传统教学方法往往缺乏互动和合作学习的机会。教师通常独自掌控课堂，学生只能被动地接受教师的讲解，缺乏互动和合作学习的机会限制了学生与教师和同学之间的交流和合作，无法培养学生的语言交际能力和团队合作能力。

（三）缺乏实践机会和实际应用

传统教学方法往往缺乏实践机会和实际应用环境。课堂上主要以知识点的讲解和练习为主，缺乏真实场景的模拟和实际应用的机会。这使得学生无法将所学知识应用到实际生活中，限制了他们的语言运用能力和实际交流能力的提升。

（四）缺乏创新和启发式教学

传统教学方法注重知识的灌输和记忆，缺乏创新和启发式教学的元素。教师主要依靠讲解和演示，缺乏引导学生主动思考和解决问题的机会。这限制了学生的创造力和批判性思维的发展。

为了解决高职英语教学中存在的传统教学方法问题，教师可以采用启发式教学方法，引导学生主动思考和解决问题。通过提供开放性的问题和案例分析等，激发学生的创造力和批判性思维。

三、缺乏实际语境

（一）教材内容脱离实际生活场景

许多高职英语教材的内容往往脱离了学生的实际生活场景。教材中的对话、文章和练习题往往偏离了学生日常生活和工作环境的实际需求。这导致学生难以将所学知识与实际情境相结合，无法真正理解和运用所学知识。

（二）忽视听力和口语能力的培养

由于缺乏实际语境，高职英语教学中往往忽视了听力和口语能力的培养。教师可能更多地关注学生的阅读和写作能力，而对于听力和口语能力的训练较少。这导致学生在实际交流中难以理解他人的口语表达，也无法自如地进行口语交流。

（三）限制了学生的实际运用能力

缺乏实际语境的教学方法限制了学生的实际运用能力。学生可能掌握了一定的语法知识和词汇，但由于缺乏实践经验，无法将所学知识灵活运用到实际生活和工作中。这使得学生在实际交流中面临困难，无法流利、准确地表达自己的意思。

为了解决高职英语教学中存在的缺乏实际语境问题，教师可以组织学生进行实践活动和角色扮演，模拟真实情境。例如，安排学生参与模拟商务谈判、旅游指导等活动，以提供更多的实际语境和实践机会。

教师可以鼓励学生利用社交媒体和网络资源来增加他们与外语环境的接触。学生可以通过与外国人交流、观看英语视频、参与在线讨论等方式来提高实际语境下的语言应用能力。

教师可以鼓励学生主动参与英语角、外语沙龙等实践活动，积极参与实际交流。同时，教师还可以鼓励学生利用业余时间参加语言培训班或交流项目，以提高实际语境下的语言运用能力。

四、缺乏个性化教学

（一）忽视学生的个体差异和学习需求

传统的高职英语教学往往忽视了学生的个体差异和学习需求。每个学生在英语学习方面的背景、能力和目标都有所不同，但教学内容和方式往往没有相应的调整和个性化的关注。这导致学生的学习效果和兴趣下降，影响他们对英语学习的积极性。

（二）教学进度过快或过慢

由于缺乏个性化教学，教学进度往往无法满足所有学生的学习需求。一些学生可能已经掌握了某些知识，但教师仍然按照统一的进度进行教学，从而导致这些学生对学习感到无聊，认为学习是在浪费时间。而另一些学生可能需要更多的时间来理解和消化知识，但由于进度过快，他们无法跟上教学进度。

（三）缺乏个性化的学习资源和活动

缺乏个性化教学意味着缺乏为学生提供个性化的学习资源和活动。教师通常使用统一的教材和练习，而没有根据学生的兴趣和能力提供相应的学习材料和活动。这使得学生对学习内容的兴趣和动力下降，影响他们的学习效果。

（四）无法满足不同学生的学习风格和节奏

每个学生都有自己独特的学习风格和节奏，但传统的高职英语教学往往无法满足这些差异。教师通常采用一种固定的教学方法和节奏，无法适应学生的个体差异。这使得一些学生感到厌倦和无助，影响他们的学习效果和积极性。

（五）缺乏个性化教学

缺乏个性化教学也意味着缺乏个性化的评估和反馈。传统的高职英语教学中，通常采用一些标准化的考试和评估方式，无法充分了解学生的实际水平和进步。同时，教师在给予学生反馈时，也往往缺乏个性化的指导和建议，无法满足学生的个体需求。

为了解决高职英语教学中存在的缺乏个性化教学的问题，教师应积极了解学生的个体差异和学习需求，包括学习目标、兴趣爱好、学习风格和节奏等。通过与学生的沟通和交流，了解他们的特点和需求，以便进行个性化的教学设计。

根据学生的学习情况和进展，教师可以灵活调整教学进度和内容。对于那些学习进度较快的学生，可以提供额外的挑战和深入学习的机会；对于学习进度较慢的学生，可以提供更多的辅导和复习的时间。

教师可以根据学生的兴趣和能力，提供个性化的学习资源和活动。例如，针对不同学生的学习需求，可以提供不同难度和类型的阅读材料、听力练习或写作任务，以满足学生的个性化需求。

教师可以采用多样化的教学方法和工具，以满足不同学生的学习风格和节奏。例如，结合小组讨论、合作学习和项目制等方式，激发学生的主动性和参与度。

教师还可以通过个性化的评估方式，了解学生的实际水平和进步。同时，在给予学生反馈时，提供个性化的指导和建议，帮助他们更好地理解和改进自己的学习。

第三节 国内外高职英语教学的发展趋势

随着全球化的不断发展和国际交流的增加，高等职业教育在各国得到了越来越多的重视。作为高等职业教育的重要组成部分，高职英语教学也面临着新的挑战和机遇。

一、课程设置的多样化

随着社会经济的快速发展和行业需求的变化，高职英语教学的课程设置正朝着多样化的方向发展。传统的英语教学主要侧重于语法、词汇等基础知识的教授，而现在的高职英语教学更注重培养学生的实际应用能力和跨文化交际能力。因此，越来越多的高职院校开始引入专业英语、商务英语、科技英语等专业化课程，以满足学生未来就业的需求。

（一）专业英语

专业英语课程旨在帮助学生掌握与自身专业相关的英语词汇、表达方式和沟通技巧。不同专业领域的学生可以选择相应的专业英语课程，如工程英语、医学英语、旅游英语等，以提高在专业领域的语言应用能力。这些课程将结合具体的专业知识和实践案例，让学生能够更好地理解和运用英语进行专业交流。

专业英语课程的设置主要包括以下几个方面：

1.专业词汇与表达

专业英语课程将注重学生在各个专业领域中常用的英语词汇和表达方式的学习。通过学习专业词汇和短语，学生可以更准确地表达自己的观点，并理解他人在专业讨论中所使用的术语和表达方式。

2.专业文档阅读与写作

在专业领域中，文档的阅读和撰写是非常重要的能力。专业英语课程将教授学生如何阅读和理解专业文档，如学术论文、科技报告等，并培养学生撰写专业文档的能力，如实验报告、研究论文等。

3. 专业演讲与交流

在专业领域中，演讲和交流是必不可少的技能。专业英语课程将培养学生在专业场景中进行演讲和交流的能力。学生将学习如何组织和展示自己的专业知识，如何有效地进行团队合作和跨文化交流。

4. 跨文化沟通与国际合作

随着全球化的发展，跨文化沟通和国际合作能力对于专业人才来说越发重要。专业英语课程将注重培养学生的跨文化意识和跨文化沟通能力，使他们能够适应国际化的工作环境，与不同文化背景的人进行有效的合作与交流。

（二）商务英语

商务英语课程旨在培养学生在商务场景中运用英语的能力。这些课程将涵盖商务沟通、商务写作、商务演讲等方面的内容，帮助学生掌握商务英语中常用的词汇、表达方式和文化礼仪。同时，学生还将学习商务谈判、商务会议等实际场景下的交际技巧，以提高与国际合作伙伴的沟通能力。

商务英语课程的设置主要包括以下几个方面：

1. 商务沟通

商务沟通是商务活动中不可或缺的一环。商务英语课程将教授学生如何通过商务电话、商务电子邮件和商务函件等进行沟通。学生将学习如何清晰地传递信息，如何有效地回应商务询问和投诉，以及如何处理商务文件和合同等。

2. 商务写作

商务写作是商务活动中的重要技能。商务英语课程将培养学生撰写商务报告、商务计划、商务信函等的能力。学生将学习如何组织和表达自己的思想，如何使用适当的商务术语和写作风格，以及如何确保文档的准确性和专业性。

3. 商务演讲

在商务场景中，演讲能力是非常重要的。商务英语课程将培养学生进行商务演讲的技巧。学生将学习如何准备和组织商务演讲，如何运用有效的口头表达方式和演讲技巧，以及如何处理提问和回应观众反馈等。

4. 跨文化沟通和商务礼仪

随着全球化的发展，跨文化沟通和商务礼仪变得越来越重要。商务英语课程将注重培养学生的跨文化意识和跨文化沟通能力，使他们能够适应不同文化背景下的商务交流。学生将学习不同国家和地区的商务礼仪和文化差异，以便更好地与国际合作伙伴建立良好的关系。

（三）科技英语

科技英语课程旨在培养学生在科技领域运用英语的能力。随着科技的迅速发展，越来越多的高职院校开始引入科技英语课程，以满足相关专业的需求。这些课程将涉及科技文献阅读、科技论文写作、科技报告演讲等方面的内容，帮助学生掌握科技领域所需的英语技能和知识。

科技英语课程的设置主要包括以下几个方面：

1. 科技文献阅读与理解

科技英语课程将教授学生如何阅读和理解科技文献，如科技期刊文章、专利文献等。学生将学习如何分析和评估文献中的信息，提取关键点和主要观点，并将其应用于实际问题的解决中。

2. 科技论文写作

科技领域对于科技论文的要求非常高。科技英语课程将培养学生撰写科技论文的能力。学生将学习如何组织和结构化科技论文，如何使用准确的科技术语和写作风格，以及如何进行科技实验结果的描述和分析。

3. 科技报告演讲

在科技领域中，科技报告演讲是非常重要的。科技英语课程将培养学生进行科技报告演讲的技巧。学生将学习如何准备和组织科技报告演讲，如何运用有效的口头表达方式和演讲技巧，以及如何处理提问和回应观众反馈等。

4. 专业科技词汇与表达

科技领域有着大量的专业术语和表达方式。科技英语课程将注重学生在科技领域中常用的英语词汇和表达方式的学习。通过学习专业词汇，学生可以更准确地表达自己的科技观点，并理解他人在科技讨论中所使用的术语和表达方式。

二、综合技能的培养

除了传统的语法以及听、说、读、写技能的培养，高职英语教学还注重培养学生的综合技能。综合技能包括信息获取和处理能力、解决问题能力等。现在的高职英语教学更加强调学生的实际应用能力和解决问题的能力，鼓励学生参与到各种实践活动中，如模拟面试、项目演讲等，以提高学生的综合素质。

（一）信息获取和处理能力

1. 阅读技巧的培养

教师将教授学生如何有效地阅读英语文本，包括提高阅读速度、抓住重点信息和理解上下文等技巧。学生将学习如何使用不同的阅读策略，如扫读、略读或精读，以便快速获取所需信息。

2. 听力技巧的培养

教师将引导学生通过多种听力材料，如新闻、讲座、对话等，培养他们的听力技巧。学生将学习如何提高听力理解能力，如捕捉关键词、理解语境和推断信息等。

3. 搜索技巧的培养

教师将指导学生如何使用互联网和其他资源进行英语资料的搜索。学生将学习如何选择适当的搜索关键词，筛选可靠的信息源，并评估所找到的信息的准确性和可信度。

4. 批判思维和信息处理能力的培养

教师将引导学生对获取的信息进行批判性思考和分析，培养他们的思辨能力。学生将学习如何评估信息的可靠性、辨别事实和观点，并结合自身的知识和经验进行判断和决策。

（二）解决问题的能力

现代社会对人才的需求不仅仅是掌握知识，更强调解决问题的能力。高职英语教学注重培养学生的批判思维和解决问题的能力。教师会引导学生进行案例分析、辩论演练等活动，培养他们的逻辑思维、分析能力和创新思维，使他们能够在实际情境中运用英语解决问题。

1. 案例分析与讨论

教师将组织学生进行案例分析与讨论，以激发学生的批判思维和问题解决能力。学生将学习如何识别和分析问题，如何收集和整理相关信息，并如何提出和评估解决方案。

2. 辩论演练

教师将引导学生进行辩论演练，以培养他们的逻辑思维和口头表达能力。学生将分组进行辩论，针对特定问题展开争论，并通过辩论的过程提出和支持自己的观点，同时也要学会尊重他人的观点。

3. 创新思维培养

教师将鼓励学生运用创新思维解决问题。通过开展创意活动和项目，学生将学习如何提出新颖的观点和解决方案，如何面对挑战并找到创新的解决途径。

4. 实践应用与反思

教师将引导学生将所学知识和技能应用于实际情境中，并进行反思和总结。学生将通过实践活动，探索解决问题的有效方法，并反思自己在问题解决过程中的经验和教训，以不断提高自身的解决问题能力。

（三）实践活动的参与

高职英语教学鼓励学生积极参与各种实践活动，如模拟面试、项目演讲等。通过这些实践活动，学生可以将所学的英语知识应用到实际情境中，锻炼自己的口语表达能力和应变能力，增强自信心。同时，实践活动也有助于培养学生的社交技巧和领导能力。

1. 模拟面试

教师将组织学生进行模拟面试，以提高他们的口语表达能力和面试技巧。学生将扮演求职者和面试官的角色，在模拟的面试环境中进行角色扮演，并接受教师和同学的反馈和评价，以不断改进自己的表达和沟通能力。

2. 项目演讲

教师将组织学生进行项目演讲，以培养他们的演讲和团队合作能力。学生将组队并选择一个项目进行研究和准备，然后在班级或学校的演讲比赛中展示自己的成果。通过项目演讲，学生可以提高口头表达能力、团队合作技巧和解决问题的能力。

3. 社交活动

教师将组织学生参与各种社交活动，如英语角、文化交流活动等。这些活动为学生提供了与他人进行真实交流的机会，锻炼他们的社交技巧和跨文化交流能力。学生将与来自不同国家和地区的人交流，拓宽视野，增加英语实践的机会。

4. 领导和组织能力的培养

教师将鼓励学生参与学校或班级的领导和组织工作。学生可以担任班级干部、学生会成员或志愿者，通过组织和协调各类活动，培养自己的领导能力和组织能力，同时也提高沟通和协作能力。

三、技术手段的运用

随着科技的不断进步，技术手段在高职英语教学中的应用也越来越广泛。现代化的教育技术设备和软件为英语教学提供了更多的可能性。例如，使用互联网资源进行在线学习、借助电子白板进行课堂教学、利用智能手机和平板电脑进行学习辅助等。这些技术手段的运用可以提高学生的学习效果，激发学生的学习兴趣。

（一）在线学习和网络资源

1. 在线学习平台

学校可以建立自己的在线学习平台，为学生提供在线学习的机会。学生可以通过平台访问教学资源，如课件、录像课程、习题等，随时随地进行学习。在线学习平台还可以提供在线测验和作业提交功能，方便教师对学生的学习情况进行监控和评估。

2. 教学视频和多媒体资料

教师可以制作和分享教学视频，通过图像、声音和动画等多媒体手段生动地呈现英语知识和技能。学生可以根据自己的学习进度和需求观看教学视频，并在需要时进行反复学习和复习。

3. 在线讨论和合作工具

教师可以利用在线讨论和合作工具，如在线论坛、社交平台和协同编辑工具，组织学生进行在线讨论和合作活动。学生可以在虚拟空间中与教师和同学互动交流，分享学习心得和观点，提高口头表达和团队合作能力。

4. 学习应用和软件工具

学生可以使用各种学习应用和软件工具来辅助英语学习。例如，有单词记忆应用、语法练习软件、发音纠正工具等，这些学习应用和软件工具可以帮助学生提高词汇量、加强语法理解和改善发音准确性。

（二）电子白板和多媒体教学

1. 多媒体教学资源

教师可以利用电子白板展示多媒体教学资源，如课件、图片、音频和视频等。这些资源可以通过电子白板进行呈现，并结合教师的讲解和演示，使学生更好地理解和掌握英语知识和技能。

2. 交互式教学

教师可以利用电子白板进行交互式教学，与学生进行实时互动。通过触摸屏幕或电子笔，教师可以在电子白板上进行标记、画线和批注，引导学生参与课堂讨论和练习，激发学生的学习兴趣和积极性。

3. 演示和实验展示

电子白板还可以用于演示和实验展示。教师可以利用电子白板呈现科技实验过程、图表分析和模拟操作等内容，使学生能够直观地理解和掌握相关知识和技能。

4. 个性化学习和反馈

电子白板可以根据学生的不同需求和学习进度提供个性化的学习资源和反馈。通过电子白板，学生可以按照自己的学习节奏和方式进行学习，并及时获得教师的指导和评价。

（三）移动学习和学习辅助工具

1. 学习应用程序

学生可以下载各类学习应用程序，如单词记忆应用、语法练习应用、听力训练应用等。通过这些应用程序，学生可以进行个性化的学习，根据自己的需求和兴趣选择相应的学习内容，并随时进行练习和复习。

2. 语音识别软件

语音识别软件可以帮助学生提高口语能力。学生可以使用语音识别软件进行口语练习和对话模拟，在录音中获取反馈和纠正发音错误，从而提高口语流利度和准确性。

3. 翻译工具

翻译工具可以辅助学生进行英语写作和阅读理解。学生可以使用翻译工具来查找单词的意思、句子的翻译等，以便更好地理解和应用英语知识。

4. 在线学习平台的移动端应用

学校的在线学习平台可以开发移动端应用程序，使学生可以在智能手机或平板电脑上随时访问学习资源和参与学习活动。通过移动学习平台的应用，学生可以进行在线课程学习、完成作业和测验，并与教师和同学进行交流和互动。

（四）虚拟实境和增强现实技术

1. 虚拟实境学习

通过虚拟实境技术，学生可以参观国外名胜、探索英语文化等。例如，学生可以通过虚拟实境技术参观大英博物馆、自然历史博物馆等，深入了解英语国家的历史和文化。这样的学习体验可以激发学生的学习兴趣和好奇心，提高他们对英语学习的积极性。

2. 虚拟交流和角色扮演

通过虚拟实境技术，学生可以参与虚拟交流和角色扮演。例如，学生可以使用虚拟实境平台进行在线英语交流，与来自不同国家的学生进行对话和互动。这样的虚拟交流体验可以帮助学生提升口语表达能力和跨文化交流能力。

3. 增强现实教学

增强现实技术可以将虚拟元素与现实场景相结合，提供更加丰富和生动的学习体验。例如，学生可以使用增强现实应用程序，通过扫描实物或图片，观看英语单词的发音、查找句子的翻译等。这样的学习方式可以使学生更加直观地理解和掌握英语知识。

4. 实践模拟和虚拟实验

通过虚拟实境技术，学生可以进行实践模拟和虚拟实验。例如，学生可以使用虚拟实境平台进行商务谈判模拟、实验室操作等。这样的学习体验可以帮助学生将所学知识应用到实际情境中，培养他们的实践能力和问题解决能力。

四、国际交流与合作

高职英语教学的另一个重要发展趋势是国际交流与合作的加强。随着全球化的深入发展，国际交流与合作已成为必然趋势。高职院校可以通过与国外大学、企业等进行合作，开展联合培养项目、交换生项目等，为学生提供更多的国际化机会。国际交流与合作不仅能够提高学生的英语水平，还可以增强学生的跨文化意识。

（一）联合培养项目

高职院校可以与国外大学建立合作关系，开展联合培养项目。通过参与联合培养项目，学生可以接触国际先进的教育资源和教学方法，提高英语水平和专业素养，并增加跨文化交流的机会。以下是一些项目的特点和好处：

1. 学位合作项目

学生有机会在国外大学深入学习相关专业课程，并获得双学位。这样的经历将丰富学生的学术背景和全球视野，为他们未来的就业和升学提供更广阔的选择。

2. 短期交流项目

学生可以参加为期几周或几个月的短期交流项目，与国外大学的学生进行学术交流和实践活动。这样的项目可以为学生提供丰富的跨文化体验，增强学生的自信心和适应能力。

参与联合培养项目的学生还可以接触国际先进的教育资源和教学方法，提高英语水平和专业素养；深入了解不同国家和地区的文化、经济和社会发展状况，增加跨文化交流的机会；增强自己的人际交往能力和团队合作能力；扩大就业和升学的机会，获得更广阔的发展空间。

为了推动国际交流与合作，高职院校可以积极寻求与国外大学的合作伙伴关系，并建立相应的项目框架和合作协议。同时，学校还可以鼓励学生积极申请参与这些项目，并提供必要的支持和指导。

（二）交换生项目

交换生项目是指学生在一定时间内到国外大学进行学习交流。高职院校可以与国外大学签订交换协议，使学生有机会在国外学习一段时间。

通过参加交换生项目，学生可以亲身体验不同国家的教育环境和文化，拓宽视野，增加语言实践机会，并结交来自世界各地的学生，建立国际化的人脉关系。

1. 学术交流

学生可以在国外大学接触不同的教育体系和学科特色，了解国外先进的教学方法和研究成果。这样的学术交流将有助于学生提高学术素养和专业技能。

2. 语言实践

学生可以在国外的语言环境中进行实践，提高英语水平和跨文化交流能力。通过与当地学生和教师的交流，学生可以更好地理解和运用英语，增强自信心和语言表达能力。

3. 文化体验

学生可以深入了解目标国家的文化、风俗和社会生活。通过参加当地的文化活动和旅行，学生可以拓宽视野，增加对不同文化的理解和尊重。

4. 人脉建立

交换生项目提供了与来自世界各地的学生建立联系的机会。通过与其他国际学生合作和交流，学生可以建立国际化的人脉关系，为将来的跨国合作和就业提供有力支持。

高职院校可以积极寻求与国外大学的合作伙伴关系，并签订交换协议。学校可以设立相应的选拔机制和奖学金计划，鼓励优秀的学生参与交换生项目。同时，学校也要提供必要的指导和支持，帮助学生顺利完成交换生项目的申请和准备工作。

（三）国际课程合作

高职院校可以与国外大学合作开设国际课程。这些课程可以是双语授课的专业课程，也可以是针对国际学生开设的英语课程。

通过与国外大学合作开展国际课程，学生可以接触国际先进的教学内容和教材，提高英语水平和专业素养，同时也能够了解国际学生的学习方式和思维模式。

1. 双语授课

双语授课的专业课程可以提供更广阔的学习机会和发展空间。学生可以在母语和英语之间切换学习，提高英语表达能力和专业知识水平。

2. 跨文化交流

国际课程合作为学生提供了与来自不同国家和地区的学生进行交流和合作的机会。学生可以通过与国际学生的互动，了解他们的学习方式和思维模式，增加跨文化交流的体验。

3. 先进教学资源

国际课程合作可以让学生接触国际先进的教学资源和教材。学生可以借助这些资源，了解国际前沿的知识和技术，拓宽专业视野。

4. 学术认可

参与国际课程合作的学生可以获得来自国外大学的学术认可和证书。这样的学术认可将增加学生的竞争力和就业机会。

高职院校可以积极寻求与国外大学的合作伙伴关系，并开展国际课程合作。学校可以通过制订双语教学计划、招聘具有国际教学背景的教师等方式，提供必要的支持和保障。同时，学校还可以鼓励学生积极参与国际课程，为他们提供相应的学习资源和指导。

（四）跨国企业合作

高职院校可以与跨国企业进行合作，开展实习、就业培训等项目。这种合作可以为学生提供更多的实践机会和与外企接触的机会，增加学生的职业竞争力。

通过与跨国企业合作，学生可以接触国际化的工作环境和工作方式，提高英语口语和商务沟通能力，并了解国际企业文化和职业发展机会。

1. 实践机会

与跨国企业合作可以为学生提供更多的实习机会。学生可以在真实的工作环境中应用所学知识和技能，增加实践经验，并了解企业运作和管理模式。

2. 职业竞争力

参与跨国企业合作的学生将有机会与国际化的团队合作和交流。这样的经历将提升学生的职业竞争力，增加在跨国企业就业的机会。

3. 商务沟通能力

与跨国企业合作可以帮助学生提高英语口语和商务沟通能力。学生将与来自不同文化背景的同事合作，参与跨国企业的商务活动和项目，提升自己的跨文化沟通技巧。

4. 职业发展机会

通过与跨国企业合作，学生可以了解国际企业的职业发展机会和要求，可以探索全球范围内的就业机会，并为未来的职业规划做好准备。

高职院校可以积极寻求与跨国企业的合作伙伴关系，并开展实习、就业培训等项目。学校可以与企业签订合作协议，明确双方的责任和目标，并建立相应的指导和评估机制。学校还可以组织相关的职业培训课程和讲座，帮助学生了解跨国企业的需求和要求。

（五）国际学术交流与合作

高职院校可以与国外大学、研究机构等进行学术交流与合作。这种合作可以包括学术研讨会、国际学术期刊的合作出版、联合科研项目等。

通过参与国际学术交流与合作，教师和学生可以与国际领域内的专家学者进行学术交流，分享研究成果，提升学术水平，扩大影响力。

1. 学术交流

参与国际学术交流活动可以与来自不同国家和地区的专家学者进行面对面的交流和探讨。通过学术研讨会、学术讲座等形式，教师和学生可以了解国际前沿的研究方向和成果，拓宽学术视野。

2. 研究合作

与国外大学和研究机构的合作可以开展联合科研项目。教师和学生可以与国际合作伙伴共同进行研究，共享资源和经验，加强合作学习，提升研究质量。

3. 出版合作

与国际学术期刊进行合作出版可以提高论文的影响力和可见度。教师和学生可以通过合作出版的方式将自己的研究成果分享给国际学术界，扩大自己的学术影响力。

4.学术认可

参与国际学术交流与合作可以获得国际学术界的认可和肯定。这样的认可将提升教师和学生的学术声誉和竞争力，为他们的职业发展和学术进步打下坚实的基础。

高职院校可以积极寻求与国外大学、研究机构的学术交流与合作机会，并建立相应的合作框架。学校可以组织相关的学术交流活动，邀请国际专家学者来校讲座，并鼓励教师和学生积极参与国际学术会议和期刊投稿。

第二章 高职英语教学方法研究

第一节 高职英语教学方法的理论基础

高职英语教学方法的理论基础主要涉及教育学、应用语言学、心理学等多个学科领域。

一、教育学理论基础

（一）构建主义教育理论

构建主义教育理论是一种教育观念，它认为学生是自主构建知识的主体，而教师的角色是引导和促进学生的学习过程。在高职英语教学中，教师应该致力于创设具有真实性和意义性的学习环境，以激发学生的学习兴趣和动力，并提高学习效果。

构建主义教育理论强调学生的主动参与和探究。教师不再是知识的传授者，而是学习的引导者和合作伙伴。在高职英语教学中，教师可以采用启发式教学的方法，通过提出问题、引发思考和讨论，激发学生的思维能力和解决问题的能力。任务型教学也是一种有效的方式，通过给学生设计实际任务，让他们在实践中运用英语知识，培养他们的实际应用能力。

构建主义教育理论注重学习环境的创设。教师应该努力营造一个积极、开放、互动和合作的学习氛围。在高职英语教学中，教师可以通过组织小组讨论、合作项目等方式，鼓励学生之间的互动和合作。教师还可以提供丰富的学习资源，如图书、多媒体资料和网络资源，以使学生在学习过程中积极探索和获取知识。

构建主义教育理论强调学习的真实性和意义性。教师应该将学习与实际生活和工作相联系，使学生能够在学习中体验到知识的实用性和重要性。在高职英语教学中，教师可以引入真实的案例、职业情境和工作场景，让学生通过实际操作和实践应用来学习英语。这样，学生将更容易理解并掌握所学知识，并能够将其应用于实际工作中。

（二）多元智能理论

多元智能理论认为每个学生都具有不同的智能类型，这些类型包括语言智能、逻辑数学智能、空间智能等。在高职英语教学中，教师应该根据学生的智能类型，采用多样化的教学策略和活动，以满足学生不同智能类型的需求。

针对语言智能类型的学生，教师可以通过口语交流活动来培养学生的语言表达能力。例如，组织小组讨论、辩论或角色扮演活动，让学生有机会实践和运用英语口语，提高他们的语言交际能力。教师还可以引导学生参与口头报告、演讲或辩论比赛，培养他们的公众演讲能力。

针对逻辑数学智能类型的学生，教师可以采用问题解决和逻辑推理的教学方法。例如，提供一系列的思维导图或逻辑谜题，让学生分析和解决问题，培养他们的逻辑思维和分析能力。教师还可以设计数学题目或统计数据分析任务，让学生应用英语知识进行数学运算和数据解读。

针对空间智能类型的学生，教师可以通过图表阅读训练来培养学生的空间感知和理解能力。例如，提供各种图表、地图或平面图案，并要求学生根据这些信息回答问题或进行推理。教师还可以组织学生进行观察和描述实验，培养他们对空间关系的认知和表达能力。

除了以上三种智能类型，教师还应该关注其他智能类型的学生，如音乐智能、体育智能、人际智能等。在高职英语教学中，教师可以通过音乐配乐活动、体育英语游戏、合作项目等方式，满足不同智能类型的学生需求，并促进其全面发展。

二、应用语言学理论基础

（一）交际法

交际法是一种注重语言交际能力培养的教学方法，它在高职英语教学中得到广泛应用。根据交际法的原则，教师应该注重创设真实的交际情境，引导学生进行真实的语言交流，以提高学生的口语表达能力和听力理解能力。

交际法强调真实的交际情境。教师应该创造与学生实际生活和工作相关的语言环境，使学生在课堂中能够模拟真实的交际场景。例如，教师可以组织角色扮演、情景模拟或实地考查等活动，让学生在真实的情境中运用英语进行交流。这样可以增强学生的学习动机，并使他们更好地理解和应用所学知识。

交际法注重学生的主动参与。教师不再是知识的传授者，而是学习的引导者和促进者。在高职英语教学中，教师应该采用启发式教学的方法，通过提出问题、激发思考和鼓励讨论，引导学生积极参与课堂活动。同时，教师还应该鼓励学生自主合作学习，通过小组讨论、合作项目等方式培养学生的团队合作能力和交际技巧。

交际法注重语言交流的实践。教师应该提供大量的真实语言材料，如音频、视频、文章等，让学生进行听、说、读、写的综合训练。例如，教师可以引导学生进行听力理解活动，如听取真实的对话或演讲，并要求学生根据所听到的内容进行回答或讨论。教师还可以组织口语交流活动，如小组讨论、辩论或角色扮演，让学生有机会实践和运用英语口语。

最后，交际法注重错误的纠正和反馈。教师应该及时纠正学生的语言错误，并给予正确的反馈和指导。这样可以帮助学生改正错误，提高语言表达的准确性和流利性。教师还应该鼓励学生互相交流并接受同伴之间的反馈，促进彼此之间的语言交流和学习进步。

（二）任务型教学

任务型教学通过给学生设计具有现实意义的任务，激发学生的学习兴趣，培养他们的语言运用能力和问题解决能力。

任务型教学注重真实性和意义性。教师应该根据学生的学习目标和实际需求，设计与学生日常生活、工作或专业相关的任务。例如，教师可以组织学生进行小组讨论，让他们就特定话题展开交流；或者安排学生进行调查研究，让他们收集和分析相关数据。通过执行这些任务，学生可以体验语言的实际应用，并理解语言与现实生活之间的联系。

任务型教学强调学生的主动参与和合作学习。在任务型教学中，教师不再是知识的传授者，而是学习的引导者和合作伙伴。教师应该鼓励学生积极参与任务的规划、执行和评估过程，培养学生的自主学习能力和团队合作精神。通过小组讨论、角色扮演或合作项目等方式，学生可以共同解决问题，相互交流和学习。

任务型教学注重对学生语言运用能力的培养。在任务型教学中，学生需要运用所学的英语知识和技能来完成任务。教师应该提供适当的语言支持和指导，帮助学生克服语言障碍，并提高他们的语言表达能力和交际能力。通过实际的语言运用，学生能够更好地理解和掌握所学的知识，并将其应用于实际情境中。

三、心理学理论基础

（一）构成主义学习理论

构成主义学习理论是一种心理学理论，它认为学习是学生自我建构知识的过程。在高职英语教学中，教师可以采用合作学习、小组讨论等方式，促进学生的互动和合作，以提高学习效果。

构成主义学习理论注重合作学习。教师可以组织学生进行小组讨论、合作项目等活动，让学生在合作中相互交流和学习。通过合作学习，学生可以分享彼此的想法和知识，促进彼此之间的思维碰撞和启发。同时，合作学习也能够培养学生的团队合作精神和协作能力，提高他们的综合素质。

构成主义学习理论强调知识的建构。教师应该提供适当的学习材料和资源，引导学生自主探究和建构知识。在高职英语教学中，教师可以设计问题驱动的学习任务，让学生通过独立思考和信息搜集来构建知识。教师还可以提供反馈和指导，帮助学生纠正错误和深化理解。

构成主义学习理论注重学习环境的创设。教师应该创造积极、开放和支持性的学习环境，鼓励学生表达自己的观点和想法。在高职英语教学中，教师可以采用开放式问题、角色扮演等方式，激发学生的思维和创造力。教师还可以运用多媒体技术和网络资源，丰富学习环境，为学生提供更广阔的学习机会。

（二）情感教育理论

情感教育理论强调情感因素对学习的重要性。在高职英语教学中，教师应该注重培养学生的学习兴趣和积极情感，创设轻松愉快的学习氛围，激发学生的学习动力和自信心。

情感教育理论认为情感与学习密切相关。学生的情感状态会影响他们的学习效果和学习体验。因此，教师应该关注学生的情感需求，并采取相应的措施来满足这些需求。在高职英语教学中，教师可以通过多样化的教学活动和资源，如音乐、影片、游戏等，创造有趣、愉快的学习环境，让学生在学习中享受乐趣，并增加他们对英语学习的兴趣。

情感教育理论强调学生的学习动力和自信心的培养。教师应该激发学生的内在动机，使他们主动参与学习并保持学习的持久性。在高职英语教学中，教师可以设置挑战性的学习任务，让学生感受到自己的成长和进步，增强学习的自信心。教师还可以提供正向的反馈和鼓励，让学生感受到自己的价值和能力，激发他们的学习动力。

情感教育理论注重学生的情绪管理和人际关系的培养。在高职英语教学中，教师应该帮助学生学会管理情绪，以更好地应对学习和生活中的挑战。教师可以引导学生表达情感、分享困惑，并提供适当的支持和建议。教师还应鼓励学生之间的合作和互助，培养良好的人际关系，促进学生的社交能力和情感发展。

情感教育理论强调教师的情感态度和情感表达对学生的影响。教师应该关心和尊重学生，传递积极的情感和态度。在高职英语教学中，教师可以用鼓励和支持的语言来与学生交流，让学生感受到自己被认可和接纳。教师还应该表现出乐观向上的情感表达，激发学生的积极情绪和学习动力。

第二节 传统教学方法的优缺点分析

一、传统教学方法的优点

（一）稳定可靠

传统教学方法在高职英语教学中经过多年的实践验证，其教学效果相对稳定可靠。这种方法注重基础知识的传授和技能的培养，帮助学生建立扎实的英语基础。

传统教学方法注重知识的系统化传授。教师通过讲解和演示等方式将知识点有机地组织起来，并提供相关的案例进行说明。这样有助于学生理解和掌握英语的基本规则和用法，奠定坚实的语言基础。

传统教学方法强调技能的实践训练。在课堂上，教师会设置各种练习和任务，让学生通过大量的练习和实践来巩固所学知识。例如，口语练习、听力训练和写作练习等，这些练习都能够帮助学生提高英语交流能力和应对实际场景的能力。

传统教学方法注重纸笔作业和考试评估。通过布置作业和进行考试，教师可以及时了解学生的学习情况，发现问题并给予及时的反馈和指导。这样有助于学生及时调整学习策略，加强薄弱环节，提高学习效果。

传统教学方法还能够培养学生的学习纪律和责任心。在课堂上，学生需要遵守规定的学习秩序，主动参与讨论和互动，完成老师布置的任务和作业。这种学习方式能够培养学生的自律性和合作意识，为他们今后的学习和工作打下坚实的基础。

（二）教师主导

教师主导的传统教学方法以教师为中心，通过讲解、演示和指导等方式来传授知识。教师在教学过程中具有主导权，能够更好地控制教学进度和内容，确保学生按照预定的学习路径进行学习。

教师作为教学的主导者，起到了重要的指导和引领作用。他们拥有丰富的专业知识和教学经验，能够将知识进行系统化整合和归纳，并通过讲解的方式将知识传递给学生。教师可以根据学生的理解程度和学习进展，调整教学策略，灵活应对不同的学习情况。他们还可以利用教学资源和工具，进行实例演示和操作指导，帮助学生更好地理解和掌握知识。

教师主导的教学方法强调教师在教学过程中的主动性和引导性。教师可以根据学生的学习需要和特点，选择合适的教学材料和教学方法，设计并组织教学活动。他们可以提供问题解答和思维导向，引导学生深入思考和探索，培养学生的自主学习能力和批判性思维。

教师主导的教学方法还能够确保教学进度和内容的有效控制。教师可以根据教学计划和学科要求，合理安排教学时间和任务，确保学生按照预定的学习路径进行学习。他们可以通过检查和评估学生的学习情况，及时发现问题并采取相应的教学措施，提高教学效果和学习成果。

（三）适应集中式教学

传统教学方法在高职院校采用的集中式教学模式中表现出了适应性。这种教学方法强调面对面的教学交流，有利于教师与学生之间的互动和沟通，提高了教学效果。

传统教学方法注重教师与学生之间的直接互动。在集中式教学模式下，教师可以通过讲解、演示和指导等方式与学生进行实时的交流。教师可以根据学生的反馈和问题，及时调整教学策略和内容，确保学生能够更好地理解和掌握知识。学生也可以随时提问和回答问题，促进教学过程的互动性和参与度。

传统教学方法强调面对面的教学环境，有助于激发学生的学习兴趣和积极性。在集中式教学模式中，学生们可以共同参与到课堂讨论和活动中，与同学们一起分享和交流思考。这种互动和合作的学习氛围有助于培养学生的团队合作精神和社交能力，提高学习效果。

传统教学方法适应集中式教学模式还体现在教学资源和工具的使用上。教师可以利用多媒体设备、教学软件等现代化教育技术，进行实例演示和操作指导，使得学生能够更直观地理解和应用知识。教师还可以借助教材、教辅资料等教学资源，为学生提供全面而系统的学习支持。

（四）适合规模较大的班级

传统教学方法适合规模较大的班级，这是因为高职院校通常招收的学生数量较多，班级规模也相对较大。在这种情况下，传统教学方法能够更好地适应，并提高教学效率。

传统教学方法注重教师的讲解和示范。教师可以通过讲解知识点、展示例子和演示技巧等方式，将知识一次性传授给全班学生。这样可以节约时间，同时确保每个学生都能够接收到相同的教学内容和信息。

传统教学方法强调集中式的教学活动。在班级规模较大的情况下，集中式的教学模式可以让教师更好地掌控教学进度和内容。教师可以根据学科要求和教学计划，合理安排教学时间和任务，确保学生按照预定的学习路径进行学习。

传统教学方法注重纸笔作业和考试评估。教师可以通过布置作业和进行考试，对全班学生进行统一的评估和反馈。这有助于教师了解学生的学习情况和问题，并及时进行有针对性的指导和帮助。

二、传统教学方法的缺点

（一）缺乏个性化教学

传统教学方法在面对学生个体差异时存在缺乏个性化教学的问题。这种教学方法以教师为中心，忽视了学生的学习能力、兴趣爱好和学习风格的差异。这可能导致部分学生学习困难或失去学习的兴趣。

传统教学方法往往采用统一的教学内容和教学进度。教师按照教学计划和学科要求进行教学，无法根据学生的个体差异和学习需求进行灵活调整。这样就无法满足不同学生的学习节奏和学习深度，容易造成学生的学习困难。

传统教学方法强调教师的讲解和演示，学生的角色相对被动。教师主导的教学模式使得学生缺乏主动参与和自主学习的机会。学生可能需要更多的互动、实践和探索来加深理解和掌握知识。然而，传统教学方法很难满足学生的学习需求，容易使他们失去学习的兴趣和动力。

传统教学方法在评价学生的学习成果时往往以考试为主导。这种评价方式偏重记忆和应试能力，忽视了学生的综合素养和创新能力的培养。而个体差异较大的学生可能在其他方面具有突出的能力，但由于评价方式的限制，无法得到充分的肯定和发展。

针对传统教学方法的这些缺点，现代教育倡导个性化教学。个性化教学强调根据学生的不同特点和需求，采用灵活多样的教学手段和策略，满足每个学生的学习需求。例如，通过小组合作、个别指导、自主学习等方式，激发学生的学习兴趣和积极性，提高学习效果。

（二）缺乏互动与合作

传统教学方法侧重教师的讲解和学生的听讲，缺乏学生之间的互动和合作。

学生在课堂上往往只是被动接受知识，难以主动提问、交流和讨论。这对于培养学生的表达能力和团队合作能力是不利的。

缺乏互动和合作使得学生难以发挥自己的表达能力。在传统教学模式下，学生很少有机会表达自己的想法和观点。他们通常只是简单地回答问题或者做一些机械性的记忆和应试性的任务。这样就限制了学生思维的发展和创造性表达的能力。

缺乏互动和合作影响了学生的团队合作能力的培养。在现实生活中，团队合作已经成为一个重要的能力。然而，在传统教学方法中，学生很少有机会与同学们进行合作和协作，无法锻炼自己的团队合作技能和沟通能力。这对于未来工作和社会交往都是不利的。

缺乏互动和合作也限制了学生的批判性思维和问题解决能力的培养。在课堂上，学生往往只需要按照教师的要求记忆和应用知识，缺少了思考和探索的机会。而批判性思维和问题解决能力是当今社会所需的重要能力之一。因此，传统教学方法需要引入更多的互动和合作活动，激发学生的思考和创新能力。

针对这些问题，现代教育倡导互动与合作的教学方法。例如，小组讨论、项目合作、角色扮演等方式可以促进学生之间的互动和合作。这样的教学方法有助于激发学生的学习兴趣和积极性，培养他们的团队合作能力和创造性思维。

（三）不利于实际应用

传统教学方法注重基础知识的传授和技能的培养，但往往忽视了实际应用能力的培养。在现实生活中，英语已成为一门国际通用语言，在工作和社交中的实际应用能力愈发重要。然而，传统教学方法未能有效地培养学生的实际应用能力。

传统教学方法偏重知识的灌输和理论的讲解。教师通常将大量的时间用于讲解和演示基础知识，以及相关的语法规则和词汇。虽然这对学生建立扎实的语言基础非常重要，但缺乏与实际应用相结合的环节，使得学生难以将所学知识应用到实际场景中。

传统教学方法在实际应用方面缺乏综合性的训练。在课堂上，学生可能会进行一些简单的口语练习、听力训练和写作练习，但这往往只是片段化的训练，无法全面提升学生的实际应用能力。而实际应用能力包括语言的流利度、准确度和适应性等方面，需要学生在真实的语境中进行综合性的训练和实践。

传统教学方法在评价学生的学习成果时往往以考试为主导。这种评价方式偏重记忆和应试能力，忽视了学生在实际应用方面的能力。学生可能通过死记硬背来应对考试，但在实际场景中却无法灵活运用所学知识和技能。

针对这些问题，现代教育倡导将实际应用融到教学中。例如，引入任务型教学、项目驱动学习等方法，使学生能够在真实的情境中进行综合性的语言训练和实践。通过模拟工作场景、角色扮演和真实交流等活动，学生可以更好地理解和应用所学知识，并培养实际应用能力。

第三节 探索适合高职英语教学的创新方法

随着全球化进程的加快和信息技术的发展，英语作为一种国际通用语言，在高职院校的英语教学中扮演着重要的角色。然而，传统的英语教学方法已经不能满足学生的需求，因此，寻找适合高职英语教学的创新方法是非常必要的。

一、创设情境教学

在高职英语教学中，创设情境教学是一种基于真实情境的教学方法，通过让学生置身于具体的情境中，激发他们的学习兴趣和动力。情境教学可以提供一个互动的学习环境，让学生在真实场景中使用英语进行交流和表达，从而提高他们的语言应用能力。

（一）角色扮演

角色扮演是一种常见的情境教学方法，通过让学生扮演不同的角色来模拟真实场景，使他们能够在实践中运用所学的英语知识。这种教学方法可以激发学生的学习兴趣，并提供一个积极互动的学习环境。

举例来说，可以组织学生进行商务谈判的角色扮演。在这个活动中，学生被分配不同的商务代表角色，然后根据给定的情境进行交流。他们需要运用英语来解决问题、达成协议，并展示出良好的口语表达和交流能力。这样的练习可以帮助学生更好地理解商务谈判的过程，并锻炼他们在现实情境下使用英语的能力。

角色扮演还可以应用于其他各种情境中，比如医院场景、旅游服务等。通过扮演不同的角色，学生可以模拟真实情况下的交流，培养他们的沟通技巧和语言应用能力。这种实践性的学习方法有助于学生将所学的知识应用到实际生活中，提高他们的语言运用能力。

角色扮演还可以帮助学生培养团队合作和解决问题的能力。在角色扮演中，学生需要与其他人合作，共同解决问题。他们需要通过有效的沟通和协商来达成一致，并找到解决方案。这种团队合作的经验对学生的综合素质发展很有益。

（二）游戏化学习

游戏化学习是一种将游戏元素和学习相结合的教学方法，通过创设情境来激发学生的学习兴趣和动力。在高职英语教学中，可以运用游戏化学习的方式来提升学生的英语能力。

其中一种方式是谜题解密游戏。这种游戏可以通过解决谜题、找到线索等方式，让学生在使用英语的过程中思考和推理。例如，可以设计一个英语词汇迷宫游戏，学生需要根据给定的线索在迷宫中找到正确的单词，通过这样的游戏来巩固和扩展他们的词汇量。这样的游戏不仅能够提高学生的词汇应用能力，还能培养他们的逻辑思维和问题解决能力。

英语竞赛也是一种常见的游戏化学习方式。通过组织英语知识竞赛，可以激发学生的学习兴趣，促使他们积极参与学习。这种竞赛可以包括单词拼写、语法填空、口语演讲等多个环节，全面考查学生的英语能力。通过竞赛的方式，学生可以在紧张刺激的氛围中运用所学的知识，并从中获得成就感和动力。

（三）模拟实验

模拟实验是一种通过模拟真实实验环境来进行学习的方法，对于高职英语教学非常适用。其中一种模拟实验的方式是设计模拟英文新闻发布会的活动。在这个活动中，学生被要求扮演记者和嘉宾的角色，在英语的交流中报道和评论新闻事件。

这样的模拟实验可以让学生身临其境地体验英文新闻发布会的场景，并运用所学的英语知识进行交流和表达。作为记者，学生需要提出问题、收集信息，并准确地报道新闻事件。作为嘉宾，学生则需要回答问题、发表观点，并展示出良好的口语表达能力。通过这样的模拟实验，学生可以锻炼英语听、说能力，并学会在特定情境下灵活运用英语。

除了模拟英文新闻发布会，还可以设计其他类型的模拟实验活动。例如，可以模拟商务谈判、法庭辩论、医疗会诊等场景，让学生在模拟的情境中运用英语进行角色扮演和交流。这样的实践性学习可以帮助学生更好地理解各种实际情况下的英语应用，提高他们的口语表达和交流能力。

模拟实验不仅可以提高学生的语言能力，还可以培养他们的团队合作和问题解决能力。在模拟实验中，学生需要与其他人合作，共同完成任务。他们需要通过有效的沟通和协商来达成一致，并找到解决问题的方法。这种团队合作的经验对学生的综合素质发展非常有益。

（四）创意写作

创意写作是一种鼓励学生自由发挥想象力和创造力的写作形式，在高职英语教学中有着广泛的应用。通过给学生一个创意写作的任务，可以让他们根据特定情境进行自由创作，从而提高英语写作能力，并在创造性思维中运用所学的英语知识。

创意写作可以以各种形式呈现，比如写故事、编剧本、撰写诗歌等。例如，可以给学生一个题目或一个图片，让他们根据这个题目或图片展开联想和想象，自由地进行创作。学生可以发挥自己的创造力，构建一个独特的故事情节、角色设定或者表达自己的观点和情感。通过这样的创意写作活动，学生可以锻炼英语表达能力，并且培养他们的创新思维和批判性思维。

在创意写作的过程中，学生需要运用所学的英语知识，包括词汇、语法、句型等。他们可以尝试使用不同的修辞手法、句式结构和词汇选择来丰富自己的作品。同时，他们也可以通过写作来巩固所学的语言知识，提高对英语的理解和运用能力。

创意写作不仅可以提高学生的英语写作能力，还可以培养他们的思维能力和创造力。在创意写作中，学生需要运用自己的想象力、逻辑思维和批判性思维，从而开拓思维空间，培养创新思维和解决问题的能力。创意写作也可以帮助学生表达自己的观点和情感，培养他们的表达能力和自信心。

二、引入个性化学习

在高职英语教学中，每个学生都有自己的学习风格和兴趣，因此，注重个性化学习是一种创新的方法。个性化学习可以根据学生的实际情况和需求进行有针对性的指导，帮助他们更好地掌握英语知识。

（一）分层教学

分层教学是将学生按照他们的学习水平和能力划分为不同的层次，并为每个层次设计相应的教学内容和任务。通过这种方式，可以满足不同学生的学习需求，提供个性化的学习资源和指导。

在高职英语教学中，可以将学生分为初级、中级和高级三个层次。初级层次的学生可能需要从基础开始，学习词汇、语法和简单的句子结构。中级层次的学生可以进一步扩展词汇量，加强阅读和听力理解能力。高级层次的学生则可以注重提高口语表达和写作能力，培养他们的综合运用能力。

通过分层教学，可以根据学生的实际情况提供有针对性的教学内容和任务。对于初级层次的学生，可以采用更简单和直观的教材，提供更多的练习机会和慢慢递进的学习内容。对于中级和高级层次的学生，可以选择更复杂和有挑战性的教材，注重培养他们的语言应用和批判性思维能力。

在分层教学中，教师需要密切关注学生的学习进展，并及时调整教学策略和资源。通过不断评估学生的学习成果和反馈，可以确保每个学生都得到适合自己水平的学习支持和指导。

个性化学习的分层教学方法有助于激发学生的学习兴趣和动力，提高他们的学习效果。通过根据学生的实际情况提供个性化的学习资源和指导，可以满足学生的学习需求，使他们能够以适合自己的节奏进行学习，取得更好的学习成果。

（二）引入自主学习

自主学习是一种让学生独立选择学习内容和方式的方法。通过鼓励学生根据自己的兴趣和需求选择适合自己的学习材料和学习方法，可以激发学生的学习动机和创造力，并提高他们的学习效果。

在引入自主学习的过程中，教师可以提供学习资源和指导，以帮助学生进行有效的自主学习。这些资源可以包括各种英语学习材料，如英文书籍、电影、音乐、网站等。学生可以根据自己的兴趣和需求选择适合自己的学习材料，并利用这些资源进行自主学习。同时，教师可以为学生提供相关的指导和建议，帮助他们制订学习目标、规划学习进度，并提供反馈和评估。

自主学习的好处之一是能够激发学生的学习兴趣和动机。通过选择自己感兴趣的学习内容和方式，学生能够更加投入和享受学习过程，从而提高学习效果。自主学习还可以培养学生的自主思考和问题解决能力。在自主学习中，学生需要独立思考和解决问题，培养他们的批判性思维和创新能力。

引入自主学习还可以提高学生的学习效果和学习成果。通过根据自己的兴趣和需求选择学习材料和学习方式，学生能够更加专注和深入地学习，提高学习效率。自主学习也可以增强学生的学习能力和自信心，使他们具备自主学习的能力，并为未来的学习和职业发展打下良好的基础。

（三）利用人工智能技术

在高职英语教学中，可以利用人工智能技术为学生提供个性化的学习资源和反馈，从而提高学习效果和学习体验。

一种利用人工智能技术实现个性化学习的方式是利用智能辅助学习系统。这样的系统可以根据学生的学习情况和表现，通过分析大数据和机器学习算法，推荐适合他们的学习材料和练习题。通过智能辅助学习系统，学生可以根据自己的学习需求和兴趣进行学习，并获得个性化的学习指导和反馈。例如，系统可以根据学生的学习进度和理解程度，推荐适合他们的阅读材料、听力练习或写作任务。同时，系统还可以根据学生的答题情况和错误模式，提供有针对性的解析和建议，帮助他们改善学习方法和理解知识点。

另一种利用人工智能技术实现个性化学习的方式是利用虚拟教师或语音识别技术。通过虚拟教师的应用，学生可以与一个虚拟角色进行对话和交流，从而提高口语表达能力和听力理解能力。虚拟教师可以根据学生的回答和问题，给予实时的反馈和指导。同时，语音识别技术可以将学生的口语练习转化为文字，并进行自动评分和纠正，帮助他们改善口语发音和语法运用。

利用人工智能技术进行个性化学习不仅可以满足学生的学习需求，还可以提高学习效果。通过个性化的学习资源和反馈，学生可以更加专注和深入地学习，提高学习效率。同时，个性化学习还可以激发学生的学习兴趣和动机，增强他们的学习体验。

需要注意的是，在引入人工智能技术的个性化学习中，教师仍然发挥着重要的作用。教师可以监督和引导学生的学习过程，确保他们正确使用学习系统和资源。教师也可以根据学生的学习情况和表现，进行个别指导和支持，帮助他们克服学习困难和提高学习效果。

（四）灵活评估和反馈

通过多样化的评估方式和及时的反馈，可以帮助学生更好地了解自己的学习情况，并根据反馈进行调整和提升。

在高职英语教学中，可以采用多种评估方式来全面评价学生的语言能力和学习成果。除了传统的笔试和听力考试外，还可以引入口语表达、写作作业、小组项目等形式。例如，可以组织口语演讲比赛，让学生展示他们的口语表达能力。同时，可以布置写作作业，鼓励学生运用所学的语法和词汇进行写作练习。还可以通过小组项目的方式，评估学生的团队合作和问题解决能力。

在评估过程中，教师应该注重给予学生有针对性的反馈和指导。及时的反馈可以帮助学生了解自己的学习情况，发现问题并进行改进。反馈可以以口头形式给予，如针对口语表达或小组讨论时的即时反馈；也可以以书面形式给予，如批改写作作业时的详细评语和建议。教师还可以利用技术工具，如在线学习平台或学习管理系统，提供个性化的反馈和指导，让学生随时查看自己的学习进展和相关建议。

　　除了教师的反馈，同学之间的互相反馈也是非常有价值的。通过学生之间的合作和交流，他们可以互相分享观点和建议，共同提高。例如，可以组织学生进行互评活动，让他们相互检查和评估彼此的口语演讲或写作作业，提供宝贵的意见和改进建议。

第三章　基于任务型教学法的高职英语教学

第一节 任务型教学法的理论基础与原则

任务型教学法是一种以任务为核心的教学方法，它强调学生在完成真实或模拟的任务过程中，积极参与、合作探究和自主学习。

一、任务型教学法的理论基础

（一）社会文化理论基础

社会文化理论认为学习是社会互动的结果，人类的思维和学习是在社会交往中形成和发展的。任务型教学法注重学生之间的合作与互动，通过小组活动和合作任务，培养学生的合作意识、沟通能力和解决问题的能力。

根据社会文化理论，学习不仅仅是个体内部的心理过程，更是通过与他人的互动和参与社会实践来实现的。人们通过与他人交流和合作，借助语言、符号和工具等文化媒介，共同构建知识和理解。因此，在任务型教学法中，学生被组织到小组中，共同完成一个特定的任务。通过这种合作和互动，学生们可以相互交流、分享想法和知识，激发彼此的思维，并通过集体讨论和协商达成共识。

任务型教学法注重培养学生的合作意识。在小组活动中，学生需要相互合作、分工合作、互相支持和鼓励。他们必须学会倾听他人的观点，尊重不同的意见，学会妥协和团结合作。这种合作意识的培养有助于学生在社会中建立良好的人际关系，培养团队精神和合作能力。

任务型教学法也注重培养学生的沟通能力。通过小组活动，学生需要与他人进行交流和讨论，表达自己的观点、听取他人的意见，并在集体决策中做出贡献。这种沟通能力的培养有助于学生提高表达能力、倾听能力和理解他人的能力，使他们能够更好地与他人进行有效的沟通和合作。

任务型教学法还注重培养学生解决问题的能力。在小组活动中，学生需要面对各种挑战和问题，通过集体思考和合作解决问题。他们需要运用已有的知识和技能，发现问题的本质和解决方案，并在合作中实施和评估解决方案的有效性。这种解决问题的能力培养不仅有助于学生在学习中取得进步，还有助于他们在日常生活和工作中遇到问题时能够主动思考和及时解决。

（二）语用交际理论基础

语用交际理论强调语言的使用目的是实现交际目标，而不仅仅是传递信息。任务型教学法通过真实的交际任务，让学生在实际语境中运用语言，培养他们的语用能力和交际策略。

根据语用交际理论，语言是一种社会工具，它不仅仅是用来传递信息的，更重要的是用来实现人与人之间的交际目的。因此，在任务型教学法中，教师设计了各种真实的交际任务，让学生在具体的情境中运用语言，如模拟电话订购商品、组织旅游活动、进行辩论等。通过这些任务，学生需要根据情境和角色要求，运用适当的语言表达和交际策略，以实现特定的交际目标。

任务型教学法注重培养学生的语用能力。语用能力是指在特定语境中正确、得体地运用语言的能力。通过真实的交际任务，学生需要理解任务的背景和情境，并根据需要选择合适的语言表达方式。他们需要考虑对话的目的、听众的需求和自身的角色，以及恰当的语气、语调和非语言表达方式等。这种语用能力的培养有助于学生提高在实际交际中的语言运用能力，使他们能够更加流利、自然地与他人进行交流。

任务型教学法也注重培养学生的交际策略。交际策略是指在交际过程中为了实现交际目标而采取的具体行动和策略。通过真实的交际任务，学生需要考虑如何最有效地传达信息、与他人互动和解决交际难题。他们需要灵活运用不同的策略，如礼貌用语的运用、适当的回应和追问、联想和推理的使用等。这种交际策略的培养有助于学生在实际交际中更好地应对各种情况和挑战，提高他们的交际效果和自信心。

最后，任务型教学法还注重培养学生的文化意识和跨文化交际能力。在真实的交际任务中，学生需要了解并尊重不同文化背景下的交际规则和习惯。他们需要学会适应和处理跨文化交际中的差异，避免文化误解和冲突。通过这样的学习，学生可以增进对其他文化的理解和尊重，提高他们在跨文化交际中的适应能力和交际效果。

二、任务型教学法的原则

基于以上理论基础，任务型教学法还有以下几个原则。

（一）任务导向原则

该原则强调以任务为导向，将任务作为学习的出发点和归宿。在任务型教学中，任务被设计为具有一定挑战性的实际问题或情境，要求学生通过运用所学知识和技能来解决问题或完成任务。

任务导向原则的核心思想是学习者通过实际任务的执行来达到语言和知识的学习目标。相比传统的以知识传授为主的教学方法，任务型教学法更注重学习者的主动参与和实践操作，使他们能够在真实的情境中运用语言和知识进行交流和应用。

任务导向原则的实施具体包括以下几个方面：

1. 真实情境

任务应该贴近学习者的日常生活和实际需要，使学习者感到任务的真实性和现实性。例如，在英语教学中可以设计购物、旅行、工作等与学习者实际生活相关的任务。

2. 挑战性

任务应该具有一定的挑战性，能够激发学习者的兴趣和动机，促使他们积极投入任务的解决过程中。适度的挑战可以帮助学习者充分发挥自己的潜能，提高学习效果。

3. 目标明确

任务应该明确具体的学习目标，使学习者清楚任务的要求和完成标准。这样学习者在任务执行过程中能够有针对性地运用相关知识和技能，达到预期的学习效果。

4.学习者中心

任务型教学注重学习者的主动性和参与度。任务导向原则强调学习者在任务执行中的主动思考和解决问题的能力培养。教师应该充当指导者的角色，鼓励学习者自主学习、合作学习和自我评价。

通过任务导向原则的实施，学习者能够在真实情境中进行实际操作和交流，提高语言和知识的应用能力。同时，任务型教学法也能够激发学习者的学习兴趣和动机，增强他们的自信心和学习动力，促进其全面发展。

（二）情境贴近原则

这一原则强调将学习任务与现实生活情境相贴近，使学习者能够在真实情境中运用所学知识解决问题，从而激发他们的兴趣和动机。

情境贴近原则的核心思想是通过创造与学习者日常生活相关的情境，让学习者感受到学习任务的真实性和现实性。通过将学习任务融入学习者熟悉的情境中，可以提高学习者的参与度和积极性，使学习更加具有意义和价值。

情境贴近原则的实施具体包括以下几个方面：

1.情感共鸣

任务应该引起学习者的情感共鸣，使他们产生情感投入和认同感。通过与学习者情感相关的任务设计，可以增加学习者对任务的兴趣和动机，激发他们的学习热情。

2.实际操作

任务要求学习者在真实情境中进行实际操作和交流。例如，在语言学习中可以设计角色扮演、讨论会、辩论等活动，使学习者能够在真实情境中运用所学知识和技能。

3.需求导向

任务应该符合学习者的个体需求和兴趣。任务设计时应考虑学习者的背景、经验、兴趣等因素，确保任务能够引起学习者的关注和参与，提高学习效果。

通过情境贴近原则的实施，学习者能够在真实情境中进行学习，将所学知识应用到实际问题解决中，增强学习的实用性和可持续性。情境贴近原则也能够激发学习者的兴趣和动机，提高学习的效果和满意度。

（三）评价反馈原则

这一原则强调对学生的任务完成情况进行及时评价，并给予有针对性的反馈。通过评价和反馈，帮助学生发现问题并加以改进，促进他们的学习进步。

评价反馈原则的核心思想是通过对学生的任务表现进行评价和反馈，提供有针对性的指导和建议，帮助学生认识自己的优势和不足，进而促使他们改进和提高。

评价反馈原则的实施具体包括以下几个方面：

1. 及时性

评价和反馈应该及时进行，让学生能够及早了解自己的表现和进展。及时的反馈可以帮助学生及时调整学习策略和方法，避免错误的积累和困惑。

2. 具体性

评价和反馈应该具体明确，指出学生在任务中的优点和不足之处。具体的反馈可以帮助学生更清楚地了解自己的问题所在，有针对性地进行改进和提高。

3. 鼓励性

评价和反馈应该注重鼓励和肯定学生的努力和进步。通过积极的鼓励，可以激发学生的自信心和学习动力，促使他们更加积极地投入学习中。

4. 建设性

评价和反馈应该具有建设性，提供具体的改进建议和指导。教师可以针对学生的问题给予相应的提示、示范或补充材料，帮助学生找到解决问题的方法和途径。

通过评价反馈原则的实施，学生能够了解自己在任务中的表现情况，并获得有针对性的指导和建议。这样可以帮助他们及时发现问题并加以改进，促进学习效果的提高。积极的鼓励和肯定也可以增强学生的自信心和学习动力，激发他们的学习兴趣和积极性。

第二节 任务设计与实施方法

在高职英语教学中，任务型教学法是一种重要的教学方法。下面将介绍任务设计与实施方法，旨在帮助教师更好地运用任务型教学法进行课堂教学。

一、任务设计

任务设计是指教师根据教学目标和学生的需求，设计出适合的任务，以促进学生英语语言能力的提高。以下是任务设计的步骤：

（一）确定任务目标

教师首先要明确任务的目标，即学生需要达到的能力水平。任务目标应该与学生的实际需求相符合，既能够培养学生的语言技能，又能够提升他们的综合素质。确定任务目标时，教师需要考虑以下几个方面：

1.学生的语言能力水平

教师需要了解学生的现有语言能力，包括听、说、读、写等方面。通过对学生的语言水平进行评估，可以确定任务目标的起点和难度，使任务既不过于简单，也不过于困难。

2.学生的学习需求

不同学生对英语学习的需求各不相同。有些学生可能更加关注口语表达能力，而有些学生可能更注重阅读理解能力。教师应该根据学生的需求，设置合适的任务目标，以满足不同学生的学习需求。

3.学生的综合素质培养

除了语言能力的培养，任务目标还应该注重学生的综合素质发展。教师可以设置一些与文化、社交、创新等方面相关的任务，帮助学生拓宽视野，培养批判思维和创造力。

在确定任务目标时，教师应该确保目标具有可操作性和可测量性。目标要能够具体明确地描述学生需要达到的能力水平，同时可以通过相应的评估方法进行检验和评估。

（二）设计任务类型

根据任务目标，教师可以选择不同的任务类型，如信息交流任务、问题解决任务、角色扮演任务等。任务类型的选择应该考虑学生的兴趣和特点，以激发他们的学习动机。

1. 信息交流任务

这种任务要求学生通过口头或书面交流来传递信息。例如，教师可以设计一个小组讨论活动，让学生在小组内就某个话题展开讨论，并向全班汇报他们的结论。这样的任务可以培养学生的口语表达能力和团队合作意识。

2. 问题解决任务

这种任务要求学生通过分析和解决问题来提高语言能力。例如，教师可以给学生提供一个真实的情境，让他们在团队中合作解决问题，并用英语进行讨论和表达。这样的任务可以锻炼学生的创新思维能力。

3. 角色扮演任务

这种任务要求学生扮演特定的角色，在模拟的情境中运用所学语言进行交流。例如，教师可以设计一个旅游角色扮演任务，让学生扮演导游和游客，通过对话介绍旅游景点。这样的任务可以提高学生的口语流利度和语言运用能力。

4. 创意表达任务

这种任务要求学生运用所学的语言进行创意表达。例如，教师可以让学生设计一个海报、写一篇短文或制作一个小视频，来展示他们对某个主题的理解和想法。这样的任务可以培养学生的创造力和表达能力。

在设计任务类型时，教师应该根据学生的年龄、兴趣和语言能力进行合理选择。任务类型应该能够激发学生的学习兴趣，提供实际的语言运用机会，并与任务目标相符合。

（三）确定任务内容

任务内容应紧密围绕教学主题，结合学生的实际生活经验和学习背景。教师可以选择与职业相关的话题或实际工作场景，以提高学生的学习兴趣和动机。

1. 职业导向

教师可以选择与学生未来职业发展相关的话题，让学生在任务中运用所学语言进行模拟职业场景的交流。例如，对于商务英语课程，教师可以设计一个商务会议角色扮演任务，让学生扮演不同的职位，进行商务谈判和沟通。

2. 实际场景

教师可以选择与学生日常生活相关的实际场景，使学生能够在任务中运用所学语言解决实际问题。例如，在旅游英语课程中，教师可以设计一个旅游行程规划任务，让学生根据给定条件制订旅游计划，并用英语进行口头介绍。

3. 文化体验

教师可以选择与文化相关的任务内容，让学生了解不同文化背景下的语言使用和习惯。例如，在国际交流课程中，教师可以设计一个跨文化交流任务，让学生以不同国家的代表身份进行对话和交流。

4. 真实项目

教师可以选择与学生实际项目相关的任务内容，使学生能够在任务中运用所学语言解决实际问题。例如，在商业英语课程中，教师可以设计一个市场调研任务，让学生团队合作收集数据，并用英语进行分析和报告。

在确定任务内容时，教师应该根据学生的年龄、兴趣和语言能力进行合理选择。任务内容应该贴近学生的实际生活经验，能够激发学生的学习兴趣，并与任务目标相符合。

（四）设计任务流程

任务流程是指完成任务所需的步骤和顺序。教师应该合理安排任务的流程，使学生在任务中能够逐步发展自己的语言能力和解决问题的能力。

1. 引入任务

教师可以通过引入真实情境、提出问题或激发学生兴趣的方式，引导学生进入任务。这个环节的目的是激发学生的学习动机，并让他们明确任务的目标和意义。

2. 提供所需信息

教师可以为学生提供相关的背景知识、词汇表、模板等辅助材料，以帮助他们理解任务要求并获得必要的信息。同时，教师可以指导学生如何查找和整理信息，培养他们的自主学习能力。

3. 分组合作

根据任务的性质和目标，教师可以将学生分成小组，让他们共同协作完成任务。小组合作可以促进学生之间的互动和合作，提高他们的团队合作能力和沟通能力。

4. 实施任务

学生根据任务要求进行实际操作，如展开讨论、收集资料、制订计划等。教师可以提供适当的指导和支持，监督学生的进展，并及时给予反馈。

5. 语言输出

任务过程中，学生需要进行口头或书面的语言输出。教师可以鼓励学生积极参与，提高他们的口语表达能力和写作能力。同时，教师可以通过提供模型回答、语言结构指导等方式，帮助学生提高语言的准确性和流利度。

6. 总结评价

任务完成后，教师可以组织学生进行总结和评价。学生可以分享自己的体会和收获，教师也可以对学生的表现进行评价和反馈。这个环节既可以巩固学生的学习成果，也可以促使学生思考和反思自己的学习过程。

在设计任务流程时，教师应该根据任务的性质和目标，合理安排每个环节的时间和顺序。教师还可以根据学生的实际情况，灵活调整任务流程，以满足不同学生的学习需求和进步空间。

（五）准备任务材料

教师需要准备与任务相关的材料，如听力材料、阅读材料、图片等。材料的选择应该符合学生的语言水平和认知能力，以便他们能够顺利完成任务。

1. 听力材料

如果任务需要进行听力训练，教师可以准备相关的听力材料，如录音或视频。材料的难度和长度应该适合学生的语言水平，同时也要考虑到学生的兴趣和理解能力。教师可以选择与任务内容相关的真实对话、采访、新闻报道等作为听力材料。

2.阅读材料

如果任务需要进行阅读训练，教师可以准备相关的阅读材料，如文章、报纸、杂志等。材料的难度应该与学生的语言水平相匹配，可以适当提供词汇表或注释来辅助理解。教师可以选择与任务内容相关的资料，或者根据学生的兴趣选择有趣的文章来激发学生的阅读兴趣。

3.图片和视觉资料

教师可以准备与任务相关的图片、图表、地图等视觉资料，以帮助学生理解任务要求和展开思维。图片和视觉资料可以激发学生的想象力和创造力，提高他们的观察和分析能力。

4.辅助材料

教师可以准备一些辅助材料，如词汇表、模板、范文等，以帮助学生更好地完成任务。这些材料可以提供给学生作为参考，帮助他们扩充词汇量、提高语言表达能力。

在准备任务材料时，教师应该根据学生的年龄、语言水平和学习需求进行合理选择。材料的难度应该适中，既能够对学生形成挑战，又不至于过于困难。教师还可以结合多样化的材料形式，如音频、视频、图表等，以满足不同学生的学习方式和兴趣。

二、任务实施方法

任务实施是指教师将设计好的任务引入课堂教学中，并引导学生完成任务。以下是任务实施的方法：

（一）任务导入

教师可以通过引入真实情境或问题，激发学生的学习兴趣和动机。例如，教师可以提出一个真实的工作场景，让学生思考如何用英语表达自己的观点或解决问题。

1.提出问题

教师可以提出一个引人思考的问题，引发学生对任务主题的思考。例如，在商务英语课程中，教师可以问学生："在商务会议上，你如何用英语表达自己的意见并与他人进行交流?"这样的问题可以激发学生对于商务交流的兴趣,并为后续任务作好铺垫。

2. 使用多媒体资源

教师可以利用多媒体资源,如视频、图片、音频等,来呈现与任务相关的真实情境或问题。例如,在商业英语课程中,教师可以播放一段商务会议的视频片段,让学生观看并思考如何用英语参与其中。这样的多媒体引入可以提供视听刺激,激发学生的学习兴趣。

在任务导入过程中,教师应该注重启发学生的思考和调动他们的积极性。导入要简洁明了,能够迅速吸引学生的注意力,并让他们明确任务的目标和意义。教师还可以结合学生的背景知识和个人经验,与他们进行互动和交流,以增加学生的参与度和情感投入。

(二)任务指导

教师在任务开始前,可以对任务的要求和流程进行说明,并向学生提供必要的语言和策略支持。教师可以通过示范、讲解和练习等方式,帮助学生理解任务要求并提高语言能力。

1. 任务要求说明

教师应该清晰地向学生说明任务的目标和要求,确保学生理解并能够有针对性地完成。教师可以使用简洁明了的语言,将任务要求分解成具体的步骤,并强调重要的语言点或技巧。

2. 示例展示

教师可以给学生展示一个示范,以使他们更好地理解任务的执行过程和语言表达方式。例如,在口语对话任务中,教师可以与一名学生进行实际对话演示,展示如何运用所学语言进行交流。示例展示可以为学生提供参考,激发他们的学习兴趣。

3. 语言支持

教师可以提供必要的语言支持,如词汇、短语、句型等,以帮助学生更好地表达自己的思想和观点。教师可以向学生提供相关的词汇表或模板,让他们在任务中运用这些语言材料进行表达。教师还可以通过针对性的语言练习和反馈，帮助学生提高语言准确性和流利度。

4. 策略指导

教师可以向学生介绍一些学习策略和解决问题的方法，以帮助他们更好地完成任务。例如，在阅读理解任务中，教师可以教授学生如何使用扫读、略读和详读等阅读技巧，提高他们的阅读速度和理解能力。策略指导可以培养学生的自主学习能力，并为他们未来的学习提供支持。

在任务指导过程中，教师应该关注学生的理解情况，及时回答他们的疑问并给予必要的反馈。教师还可以鼓励学生积极参与，互相交流和合作，以促进学生的语言输出和交际能力的发展。

（三）任务反馈

任务完成后，教师应该及时给予学生反馈，指出他们的优点和不足，并帮助他们改进。教师还可以引导学生进行自我评价和同伴评价，以促进学生的自主学习和提高。

1. 个别反馈

教师可以针对每个学生的表现给予个别反馈。教师可以指出学生在任务中做得好的地方，如语言表达准确性、流利度、逻辑思维等，以鼓励和肯定学生的努力和进步。还可以指出学生需要改进的地方，并提供具体的建议和指导。

2. 自我评价

教师可以引导学生进行自我评价，让他们思考自己在任务中的表现和收获。学生可以回顾自己的学习过程，思考自己的优点和不足，以及下一步的学习目标。自我评价可以帮助学生更好地认识自己的学习情况，并激励他们主动反思和改进。

3. 同伴评价

教师可以组织学生之间进行同伴评价，让他们相互交流并提供反馈。学生可以根据任务完成情况、语言表达和合作能力等方面，给予同伴具体的评价和建议。同伴评价可以促进学生之间的合作和互助，同时也可以培养他们的批判思维和审视能力。

4. 综合评价

教师可以结合个别反馈、自我评价和同伴评价，对学生的任务完成情况进行综合评价。教师可以总结学生在任务中的整体表现，指出他们的优点和不足，并为下一步的学习提供指导和建议。综合评价可以帮助学生全面了解自己的学习情况，激发他们的学习动力和进一步提高的意愿。

在任务反馈过程中，教师应该注重积极正面的反馈，鼓励学生的努力和进步。同时，教师可以提供具体的语言和策略指导，帮助学生改进和提高。教师还可以通过课堂讨论、个别会谈或书面评价等形式，与学生进行深入的交流和反馈。

（四）任务总结

在任务结束后，教师可以对整个任务进行总结，并与学生一起回顾任务的过程和结果。教师可以引导学生思考任务中遇到的问题和解决方法，以使他们在今后的学习中有所借鉴。

1. 回顾任务过程

教师可以与学生一起回顾任务的实施过程，让学生分享他们在任务中的体验和感受。教师可以提出一些问题，如任务中遇到的困难、解决问题的方法、合作与沟通的效果等，促使学生思考和表达自己的观点。

2. 总结任务结果

教师可以与学生一起总结任务的结果，让学生评价自己的表现并分享收获。教师可以指出学生在任务中做得好的地方，肯定他们的努力和进步。同时，教师还可以指出学生需要改进的地方，并提供具体的建议和指导。

3. 学习经验分享

教师可以引导学生分享自己在任务中的学习经验和策略。学生可以彼此交流学习心得、成功经验和失败教训，从中汲取经验和启发。这样的经验分享可以促进学生之间的互动和合作，提高他们的学习效果。

4. 提出反思问题

教师可以引导学生进行任务的反思，并提出一些值得深度探究的问题。例如，学生可以思考自己在任务中的成长和进步、遇到的挑战、未来的学习目标等。

这样的反思问题可以激发学生的思考和自我评价，帮助他们更好地规划自己的学习路径。

在任务总结过程中，教师应该倾听学生的声音，尊重他们的意见和感受。教师可以鼓励学生积极参与讨论和表达自己的观点，促进他们的思维发展和自主学习能力的培养。

以上是任务设计与实施方法的简要介绍。任务型教学法注重学生的主动参与和实践操作，能够有效提高学生的英语语言能力和综合素质。教师在实施任务型教学时，应根据学生的实际情况灵活运用任务设计和实施方法，以达到教学效果的最大化。

第三节 高职英语教学中的任务型教学案例分析

任务型教学强调学生通过实际任务解决问题，培养学生的语言运用能力和综合素养。

一、案例描述

（一）教学目标

培养学生听、说、读、写的综合能力；

提升学生对于专业知识的理解与运用能力；

培养学生的团队合作精神和创新思维能力。

（二）教学内容

本次教学内容为"酒店预订服务"，旨在让学生了解酒店预订的流程并进行实际操作。

（三）教学过程

第一步：引入任务

为了引起学生的兴趣和激发他们的思考，教师可以采用多种媒体展示不同类型的酒店房间，如图片、视频等。通过直观的视觉呈现，学生可以对酒店的设施、房型、服务等方面有一个初步的了解。

在展示完酒店房间后，教师可以引导学生讨论他们对于酒店预订的了解和经验。可以提出一些问题来引导讨论，如：

你们曾经预订过酒店吗？是通过哪些渠道进行的？

酒店预订中最重要的因素是什么？价格、地理位置还是其他因素？

酒店预订过程中遇到过哪些问题？是如何解决的？

通过这样的引导，学生可以主动分享自己的经验和看法，从而增加彼此之间的互动和交流。同时，教师也可以借此了解学生对于酒店预订的理解和认知水平，为后续的任务制订和教学安排提供参考。

第二步：布置任务

教师提出任务要求，要求学生以小组为单位，完成酒店预订任务。每个小组需要按照以下步骤完成任务：

1. 学生可以根据自己的兴趣和喜好，选择一个他们想要前往的目的地，可以是国内或国际的城市、旅游景点等。

2. 学生需要利用各种资源（如互联网、旅行指南等）进行调查，了解不同酒店的设施、价格、地理位置等信息。然后，根据自己的需求和预算，选择一个适合的酒店。

3. 学生需要联系酒店，进行房间的预订。他们可以选择通过电话、电子邮件或在线预订平台与酒店进行沟通，并填写相关的预订信息，如入住日期、房型、人数等。

4. 小组成员需要共同合作，准备一个简短的报告，介绍他们的目的地选择、酒店选择的理由，以及预订过程中遇到的问题和解决方法。报告可以包括文字、图片、演示文稿等形式。

第三步：分组合作

为了模拟真实的酒店预订团队，教师将学生分成小组，每个小组由 4 到 5 名学生组成。为了增加学生的参与度和角色扮演的体验感，每个小组成员将扮演不同的角色，如组长、预订员、财务等。

每个角色在小组内有着不同的责任和任务，组长负责组织和协调小组的工作，确保任务的顺利进行，同时也是小组与教师之间的沟通桥梁。

预订员负责联系酒店，获取相关信息并进行房间的预订。预订员需要与酒店进行有效的沟通，确保预订的准确性和及时性。

财务负责收集小组成员的预订费用，并进行统计和管理。财务需要确保费用的正确性和透明度。

其他小组成员根据具体情况可以扮演其他角色，如行程规划员、市场调研员等。每个角色都有其特定的职责和任务，通过角色扮演，学生可以更好地理解和体验真实的酒店预订流程。

在分组合作的过程中，学生需要相互协作、共同讨论，并充分发挥各自的专长和才能。通过小组内的合作与交流，学生可以学习团队合作和沟通技巧，培养解决问题的能力。

教师在分组合作过程中可以提供必要的指导和监督，确保每个小组成员都有参与感，并及时解决可能出现的问题。同时，教师也可以鼓励学生分享和交流各自的经验和想法，促进彼此之间的学习和成长。

第四步：实施任务

在小组内展开讨论后，学生开始根据任务要求进行调查和预订。他们可以利用各种资源，如互联网、旅行指南等，来获取相关信息。

学生可以通过互联网资源进行初步的调查，了解目的地附近的酒店选项。他们可以浏览不同酒店的官方网站，了解酒店的设施、房型、价格以及其他服务。他们还可以阅读其他游客的评论和评价，从中获取更多的信息和参考意见。

然后，学生可以根据调查结果选择一个适合的酒店。他们需要考虑自己的预算、需求和偏好，选择一个能够满足这些条件的酒店。

接下来，学生需要与酒店进行沟通，确认房间的可用性并进行预订。他们可以通过电话或电子邮件与酒店进行联系，并提供所需的预订信息，如入住日期、房型、人数等。在与酒店沟通的过程中，学生需要清晰、准确地说明自己的需求和要求。

在整个任务的实施过程中，学生应该注重信息的收集和整理，确保所选酒店的可靠性和适宜性。他们可以相互交流、讨论，并共享各自的调查结果和心得体会，以提高整个小组的决策质量和预订准确性。

第五步：总结和报告

每个小组完成任务后，他们需要将自己的选择和预订过程整理成一个报告，并在课堂上进行展示。小组成员可以轮流发言，介绍他们的目的地选择、酒店选择的理由，以及在预订过程中遇到的问题和解决方法等。

在报告中，小组成员可以使用文字、图片、演示文稿等形式，将他们的选择和预订过程进行系统性地呈现。小组成员可以详细说明他们选择目的地的原因，如历史文化、景点丰富度、自然环境等。对于酒店选择，小组成员可以阐述他们考虑的因素，如价格、地理位置、设施、服务质量等。

小组成员还应分享他们在预订过程中遇到的问题和解决方法。这些问题可能涉及预订信息不准确、房间不可用、费用支付等方面。他们可以描述问题的具体情况，并展示他们是如何通过与酒店沟通、调整计划等方式解决问题的。

通过报告的展示，学生能够进一步巩固他们对于选择和预订过程的理解，同时也提升了他们的口头表达能力和演示技巧。其他小组成员和教师可以提问、评论和讨论，促进学生之间的交流和互动。

二、教学效果评估

（一）学生表现评估

教师根据学生的讨论和报告情况，对学生的口语表达、团队合作能力、创新思维等进行评估。在评估学生的表现时，教师需要综合考虑多个因素，并采用多种评估方法。

口语表达是评估学生表现中的一个重要方面。教师可以通过学生在课堂上的发言情况、演讲表现以及小组讨论中的参与度来评估学生的口语表达能力。优秀的口语表达应包括清晰流畅的语言表达、准确的词汇和语法运用以及适当的语气和语调。教师可以记录学生的口语表达情况，并给予相应的评分或反馈。

团队合作能力也是评估学生表现的重要指标之一。在现实生活中，团队合作能力对于学生的发展和成功至关重要。教师可以通过观察学生在小组项目中的角色扮演、合作交流以及解决问题的能力来评估他们的团队合作能力。学生应该能够有效地与其他成员合作，共同完成任务，并充分发挥自己的优势。教师可以通过观察学生在小组中的表现，并与其他小组成员进行讨论和评估来确定学生的团队合作能力。

创新思维也是评估学生表现的重要方面之一。在当今社会，创新思维是培养学生创造力和解决问题能力的关键。教师可以通过观察学生在课堂上的思考方式、提出的新颖观点以及在项目中的创新想法来评估他们的创新思维能力。学生应该具备独立思考、批判性思维和创造性思维的能力，能够提出新颖的解决方案和创意。

（二）学生反馈评估

教师设计问卷，收集学生对于任务型教学的反馈意见。通过学生的反馈评估教学效果，并针对问题进行改进。

通过收集学生的反馈意见，教师可以了解学生对于任务型教学的感受和看法，以及他们对于教学内容、教学方法和教学环境等方面的评价。这样可以帮助教师更好地评估自己的教学效果，并根据学生的反馈意见进行相应的改进和调整。

在进行学生反馈评估时，教师可以设计问卷来收集学生的意见和建议。问卷应包括开放性问题和闭合性问题，既可以让学生自由发表意见，也可以提供选项供学生选择。开放性问题可以鼓励学生详细描述他们对于任务型教学的体验和观察，而闭合性问题可以提供具体的选项，方便学生快速回答。

问卷设计应尽量简明扼要，避免使用复杂的术语或难以理解的问题。同时，问卷应涵盖多个方面，如教学内容的难易程度、教学方法的有效性、教师的表现以及教学环境的舒适度等。这样可以全面了解学生对于任务型教学的感受，并得出准确的评估结果。

除了问卷调查，教师还可以通过小组讨论、个别面谈和课堂反馈等方式收集学生的意见。小组讨论可以促进学生之间的交流和合作，使他们能够分享彼此的观点和建议。个别面谈可以提供更深入的了解，教师可以与学生进行一对一的沟通，听取他们的真实想法和反馈。课堂反馈则可以及时获取学生的意见，教师可以在课堂上鼓励学生提问或者匿名写下自己的反馈意见。

　　收集到学生的反馈意见后，教师应认真分析和整理，将其作为改进教学的重要依据。教师可以根据学生的反馈意见，调整教学内容和教学方法，提供更好的学习体验和教学效果。教师也可以与学生进行反馈交流，解释自己的教学理念和改进措施，让学生感受到他们的声音被倾听和重视。

第四章 基于合作学习的高职英语教学

第一节 合作学习的概念与特点

合作学习是一种教育理念和教学方法，强调学生之间的互动、合作和共同构建知识。它鼓励学生通过与他人合作解决问题、分享想法和知识，并通过协商、讨论和合作达到个人和集体的学习目标。合作学习具有以下几个特点。

一、学生参与度高

学生参与度高的合作学习模式是现代教育中一种重要的教学方法。它强调学生的主动参与和自主学习能力的培养，为学生提供了更多的机会去表达观点、提出问题和解决困难。这种学习方式不仅可以激发学生的学习兴趣和动力，还可以促进学生之间的互动和合作，提高学习效果。

（一）自由表达观点

自由表达观点是合作学习中学生参与度高的一个重要方面。在合作学习中，学生被鼓励自由地表达自己的观点和想法，这为他们建立自信心、提高口头表达能力和思维能力提供了良好的机会。

自由表达观点可以帮助学生建立自信心。在传统的教学模式下，学生往往只是被动接受知识，缺乏对自己观点的表达和阐述的机会。而在合作学习中，学生可以通过小组讨论、合作项目等方式，积极参与到学习中去，并且有机会分享自己的观点。这种自由表达观点的环境可以帮助学生建立起对自己观点的自信心，激发他们更加积极主动地参与学习。

自由表达观点可以提高学生的口头表达能力。在合作学习中，学生需要与同伴进行交流和合作，分享自己的想法和观点。通过与他人的互动，学生不仅可以锻炼自己的口头表达能力，还可以学会倾听和理解他人的观点。这种口头表达的训练可以帮助学生更好地表达自己的观点，使他们在沟通交流中更加得心应手。

自由表达观点可以提高学生的思维能力。在合作学习中，学生需要思考问题、分析情况，并且通过表达自己的观点来解决问题。这种思维活动可以帮助学生培养批判性思维、创造性思维和问题解决能力。通过与同伴的讨论和合作，学生可以从不同的角度思考问题，拓宽自己的思维视野，培养出更为灵活和深入的思维能力。

（二）提出问题和解决困难

在合作学习中，学生可以根据自己的理解和思考，积极主动地提出问题，并与同伴一起探讨解决方案。这种方式不仅可以培养学生解决问题的能力，还可以促使他们从多个角度思考和分析问题。

传统教学模式下，学生的思维活动主要是针对教师所提供的答案进行理解和记忆。而在合作学习中，学生被鼓励主动思考和提问，以挑战自己的理解和知识。通过提出问题，学生可以加深对所学内容的理解，并且激发他们的好奇心和求知欲。

在学习过程中，学生可能会遇到各种难题和困难，这时候合作学习能够为他们提供一个共同协作的平台。学生可以与同伴一起思考问题，并集思广益地寻找解决方案。通过合作解决问题，学生可以学会相互支持和合作，培养团队合作能力，并且增强他们的问题解决能力。

合作学习还鼓励学生从不同的角度思考和分析问题。在小组讨论和合作中，每个学生都可以提出自己的观点和想法，与同伴进行交流和辩论。这种多元视角的交流可以帮助学生拓宽思维，从而更全面地理解和分析问题。学生也能够从同伴的反馈和观点中获得新的启发，提高自己的思考能力和创造性思维能力。

（三）激发学习兴趣和动力

合作学习模式可以激发学生的学习兴趣和动力，创造积极、互动的学习环境。与传统的教学模式相比，合作学习更加注重学生的主动参与和合作探究，使学生成为学习的主体，从而激发他们的学习兴趣和动力。

合作学习鼓励学生通过合作探究问题和解决难题，从而体验到学习的乐趣和成就感。在合作学习中，学生不仅可以独立思考问题，还可以与同伴共同探讨和解决问题。这种合作的过程可以帮助学生实际应用所学知识，并且享受到成功解决问题的成就感。这种积极的学习体验会激发学生对学习的兴趣，让他们愿意主动参与学习。

合作学习创设了积极、互动的学习环境，使学生更加主动地参与学习。在传统的教学模式下，学生容易产生学习厌倦和学习焦虑。而在合作学习中，学生可以通过小组讨论、合作项目等方式进行交流和合作，激发学生的学习兴趣和动力。学生们可以自由表达观点、提出问题和解决困难，这种积极参与的学习环境会使学生更加愿意投入学习中去。

合作学习还可以培养学生的团队合作精神和互助意识，进一步激发学习兴趣和动力。在合作学习中，学生需要与同伴共同合作解决问题，相互支持和协作。通过与他人合作，学生可以学会倾听、尊重和理解他人的观点，培养出团队合作能力和互助意识。这种合作与互助的过程会为学生带来积极的学习体验，促使他们更加积极主动地参与到学习中去。

二、促进深层次学习

通过与他人的交流和合作，学生可以在思考、探究和解决问题的过程中更加全面地理解和应用知识，从而激发出更深层次的思维和学习。

（一）思考和探究

合作学习鼓励学生进行思考和探究，是促进深层次学习的重要环节。在传统教学模式下，学生通常只是被动地接受教师的知识灌输，缺乏主动思考和探索的机会。而合作学习通过组织小组讨论、合作项目等活动，激发学生的主动性，使他们积极提出问题、分析情况并寻找解决方案。这种思考和探究的过程能够帮助学生更深入地理解所学内容，并培养批判性思维和创造性思维能力。

合作学习注重学生的主动参与和思考。学生不仅是被动接受知识的对象，更是学习的主体。在合作学习中，学生们需要积极思考和提出问题，通过与同伴的交流和讨论来共同探索解决方案。这种主动参与的过程可以激发学生的好奇心和求知欲，培养他们主动学习的习惯和能力。

合作学习培养了学生的批判性思维和创造性思维能力。在合作学习中，学生们需要从不同的角度思考问题，并提出自己的观点和见解。通过与同伴的辩论和讨论，他们不仅可以加深对问题的理解，还能够培养批判性思维能力，学会分析问题的优势和局限性。合作学习也鼓励学生发挥创造性思维，寻找新颖的解决方案，促进创新能力的发展。

合作学习还能够帮助学生建立知识之间的联系。在合作学习中，学生们通过交流和协作，将各自的知识和经验进行整合和分享。这种互动和交流能够促使学生们将所学的知识应用到实际情境中，并将不同领域的知识相互关联起来，形成更为全面和深入的理解。

（二）全面应用所学知识

合作学习鼓励学生在实际情境中全面应用所学知识，是促进深层次学习的重要途径。通过与同伴的讨论和合作，学生们可以从不同的角度思考问题，并将自己所学的知识应用到实际情境中去。这种全面应用知识的过程可以帮助学生更加深入地理解和掌握所学内容，并培养实际应用能力。

合作学习强调学生们之间的交流和分享。在小组讨论和合作中，学生们可以相互交流和分享自己的观点和见解。通过与他人的讨论和合作，学生们能够从不同的角度思考问题，拓宽自己的思维视野。他们也能够将自己所学的知识应用到实际情境中，寻找解决问题的方法和策略。这种交流和分享的过程能够帮助学生更好地理解和应用所学知识。

合作学习注重学生们在实际情境中的合作解决问题。在合作学习中，学生们需要与同伴共同合作解决问题，互相支持和协作。通过合作解决问题，学生们能够将所学的知识与实际情境相结合，找到解决问题的最佳途径。在合作过程中，学生们能够互相借鉴和启发，促进彼此思维的深入和全面。

合作学习还可以帮助学生建立知识之间的联系。在小组讨论和合作中，学生们不仅可以分享自己的知识和经验，还能够从他人那里获得新的知识和观点。这种知识的交流和整合能够帮助学生更全面地理解和应用所学知识。通过将不同领域的知识相互关联起来，学生们能够更好地理解知识的本质和应用的意义。

三、价值观培养

合作学习不仅注重学术上的成长，还强调培养学生的价值观念和社会责任感。在合作学习中，学生需要尊重他人的意见和权利，学会分享、合作和相互支持，从而培养公平、合作和友善的价值观。

（一）尊重他人的意见和权利

合作学习强调学生尊重他人的意见和权利，是促进良好人际关系和建立合作伙伴关系的重要方面。在小组讨论和合作项目中，学生们被鼓励倾听和尊重他人的观点和意见。通过与同伴的交流和讨论，学生们能够体验到多元思维和观点的重要性，并学会欣赏和尊重不同的观点。

合作学习强调学生们共同创造和共同学习的精神。在小组讨论和合作项目中，每个学生都有机会分享自己的观点和想法。其他组员需要倾听并尊重这些观点，给予其适当的回应和反馈。这种相互尊重和欣赏的态度能够促进良好的人际关系，建立起合作伙伴关系。学生们通过尊重他人的意见和权利，建立了一个开放和包容的学习环境，使每个人都感受到被尊重和重视所具有的价值。

合作学习培养学生接纳多样性和包容不同观点的能力。在合作学习中，学生们会遇到不同的观点和意见。通过与同伴的交流和讨论，他们能够更好地理解不同观点背后的思想和价值观，并学会欣赏和尊重多样性。这种包容和接纳的态度有助于打破偏见和偏执，促使学生们更加开放和灵活地思考问题。

合作学习还鼓励学生主动倾听和尊重他人的权利。在小组讨论和合作项目中，学生们需要给予每个人充分表达自己观点的机会，不对他人进行干扰或批评。通过积极倾听和尊重他人的权利，学生们能够建立起相互信任和尊重的关系。这种尊重他人权利的行为可以培养学生的公民意识和社交技能，使他们在日常生活中更加善待他人。

（二）培养学生的分享、合作和相互支持能力

合作学习注重培养学生的分享、合作和相互支持能力，旨在培养学生良好的团队合作精神和团队意识。在合作学习中，学生们需要共同合作解决问题，互相支持和协作。通过分享自己的知识和经验，学生们能够帮助他人理解和掌握所学内容。同时，学生们也能从他人那里获得新的启发和观点。

　　合作学习鼓励学生分享自己的知识和经验。在小组讨论和合作项目中，每个学生都有机会分享自己的观点和想法。这种分享的过程不仅可以加深对问题的理解，还能够帮助其他组员更好地掌握相关知识。通过分享知识和经验，学生们能够建立起互相信任和尊重的关系，并激发出更多的思考和创新。

　　合作学习强调学生之间的合作和相互支持。在合作学习中，学生们需要共同合作解决问题，互相协助和支持。通过与同伴的合作，学生们能够相互借鉴和启发，共同解决问题。这种合作和相互支持的行为可以培养学生的团队合作精神和团队意识，使他们在团队合作中更加有效地发挥自己的作用。

　　合作学习还能够促进学生之间的相互学习和成长。在小组讨论和合作项目中，学生们不仅能够从教师那里学到知识，还能够从同伴那里获得新的见解和观点。通过与同伴的交流和讨论，学生们能够拓宽自己的思维视野，优化自己的思考方式。这种相互学习和成长的过程可以激发学生的创造力和想象力，促使他们更好地适应社会中的合作环境。

　　（三）培养学生的社会责任感

　　合作学习注重培养学生的社会责任感，使他们意识到自己的行为对团队和社会的重要性，并培养出对社会负责、关心他人和环境的价值观。在合作学习中，学生们需要共同努力解决问题，并思考如何对社会和环境产生积极影响。

　　合作学习通过让学生们共同努力解决问题，体验到自己的行为对团队和社会的重要性。在小组讨论和合作项目中，学生们需要积极参与并发挥自己的作用，承担起相应的责任。通过与同伴的合作，学生们能够意识到自己的行为和决策对整个团队和项目的影响。这种体验可以激发学生的责任感，使他们认识到自己对于团队和社会的贡献是不可或缺的。

　　合作学习鼓励学生关心他人和环境。在合作学习中，学生们需要与同伴进行交流和合作，共同解决问题。通过与他人的互动和合作，学生们能够建立起互相关心和支持的关系。这种关心他人的行为可以培养学生的同理心和关爱他人的能力。合作学习也注重培养学生对环境的关注和保护意识。通过与他人合作解决问题，学生们能够意识到自己的行为对环境的影响，并思考如何采取可持续发展的行动。

合作学习鼓励学生思考如何对社会产生积极影响。在小组讨论和合作项目中，学生们需要思考问题的背景和影响，并提出解决方案。这种思考过程可以帮助学生认识到自己的行为和决策对社会的影响，并激发他们积极参与社会事务的愿望。通过合作学习，学生们能够培养出对社会负责、积极参与社会事务的意识和行动。

第二节 小组合作学习在高职英语教学中的应用

随着社会的不断发展和全球化进程的加快，英语已经成为一种全球通用的语言。在高职院校的英语教学中，培养学生的实际运用能力是至关重要的。而小组合作学习作为一种有效的教学方法，可以激发学生的学习积极性，提升学习效果。

一、提高学生的英语口语表达能力

（一）提供反馈和指导

在小组合作学习中，教师的角色不仅是引导者和组织者，还应扮演给予学生反馈和指导的角色。通过及时的反馈和指导，可以帮助学生改进口语表达，提高他们的英语口语能力。

教师可以通过观察学生的口语表达情况，注意他们的发音、语法和用词等方面的错误。有针对性地给出建议和指导，帮助学生纠正错误，改进口语表达。例如，当学生发音错误时，教师可以示范正确的发音，并要求学生模仿跟读；当学生在语法使用上出现问题时，教师可以给予相关的语法解释和示范，帮助学生理解和运用正确的语法结构；当学生用词不准确时，教师可以提供合适的替代词，并鼓励学生积极扩充词汇量。

除了个别指导外，教师还可以组织小组间的交流和评价活动，让学生互相评价和提供建议。例如，学生可以在小组内互相进行角色扮演或对话练习，并在练习结束后互相评价对方的口语表达。这样的活动可以激发学生之间的互动和合作，促进他们在口语表达上的改进。教师可以提供一些评价标准，如发音准确性、语法正确性、词汇运用等，让学生根据标准给予对方反馈和建议。

教师还可以利用技术手段来提供反馈和指导。例如，录制学生的口语表达，并与学生一起回放和分析，帮助他们发现问题并改进口语表达。教师也可以利用在线语言学习平台或应用程序，让学生进行自主练习和评估，及时获得反馈和指导。

通过提供反馈和指导，教师可以帮助学生纠正错误、改进口语表达，并且增强学生的自信心和学习动力。然而，在提供反馈和指导时，教师需要注意方法和态度。要注重鼓励和肯定学生的努力，给予积极的反馈和具体的建议，避免过于批评和挫败学生的积极性。

（二）创造合作学习机会

在小组内，学生可以通过讨论和合作，共同解决问题和完成任务。这样的学习方式不仅能激发学生的学习积极性，也能增强他们的口语表达能力。

在小组合作学习中，学生需要相互交流和分享想法。教师可以设计各种任务和活动，如小组讨论、角色扮演、合作项目等，要求学生在小组内进行协作和合作。通过与小组成员的互动，学生可以不断锻炼口语表达能力，并从他人的经验和观点中汲取新的知识和思维方式。

在小组合作学习中，教师可以设定明确的学习目标和任务，激发学生的学习兴趣和动力。例如，可以要求学生在小组内进行辩论或演讲，讨论一个具有争议性的话题，通过互相交流和辩论来提高自己的口语表达能力。教师还可以设立奖励机制，鼓励学生积极参与小组合作学习，提高他们的学习积极性和主动性。

在小组合作学习中，教师可以充当指导者和促进者的角色，提供必要的支持和指导。教师可以引导学生相互倾听和尊重对方的观点，培养他们的合作意识和团队精神。同时，教师还可以提供一些有效的合作策略和技巧，帮助学生更好地协作和合作，共同完成学习任务。

除了小组内的合作学习，教师还可以鼓励跨组合作学习，通过小组间的交流和合作，拓宽学生的视野和知识面。例如，可以组织小组间的合作项目，让学生共同解决一个复杂的问题或完成一个综合性的任务。这样的学习方式可以增强学生的团队合作能力和口语表达能力，并培养他们的创新思维和问题解决能力。

二、培养学生的团队合作精神

（一）设计合作任务

在小组合作学习中，教师的一个重要任务是设计各种合作任务，要求学生在小组内共同完成。这样的合作任务，可以培养学生的团队合作精神，并提升他们的合作能力和口语表达能力。

教师可以根据课程内容和学生的实际情况，设计与实际生活和工作相关的合作任务。例如，可以给学生分配一个项目，要求他们在小组内制订计划、分工合作，并最终提交一个共同的成果。这样的合作任务可以模拟真实工作场景，让学生在实践中体验团队合作的重要性和价值。

在设计合作任务时，教师需要考虑以下几个方面：

1. 明确目标

合作任务应该有明确的目标和要求，使学生清楚任务的目的和完成标准。目标可以包括知识掌握、技能运用和团队合作等方面的要求。

2. 分工合理

教师需要指导学生进行分工，确保每个小组成员都有机会参与和贡献。分工可以根据学生的兴趣和专长进行，以充分发挥每个人的优势。

3. 提供支持

教师可以提供必要的支持和指导，帮助学生解决遇到的问题和困难。可以通过课堂讲解、示范和辅导等方式，提供相关知识和技巧，以促进学生的合作能力和团队精神的培养。

4. 鼓励反思

在合作任务完成后，教师可以引导学生进行反思，总结合作过程中的优点和不足之处。学生可以讨论合作中遇到的问题和挑战，寻找改进的方法，并从中获得经验和教训。

通过设计合作任务，学生可以在小组内协调彼此的时间和资源，相互协作并共同努力，培养团队合作精神。他们需要学会与他人合作、沟通和解决问题，提高自己的合作能力和口语表达能力。

在合作任务的实施过程中，教师应该密切关注学生的合作情况，及时给予反馈和指导。教师可以组织小组间的交流和分享，让学生互相评价和提供建议，促进他们在团队合作中的改进和成长。

（二）强调分工与合作

在小组合作学习中，学生需要学会分工与合作。教师可以引导学生讨论和确定每个成员的角色和任务，明确分工，确保每个成员都有机会参与和贡献。通过分工与合作，学生可以了解和尊重不同角色的重要性，并学会协作和相互配合，培养团队合作精神。

为了强调分工与合作，教师可以采取以下措施：

1. 角色分配

教师可以引导学生讨论和确定每个小组成员的角色和任务。根据学生的兴趣、特长和技能，分配适合他们的角色。例如，一个学生可以担任组长，负责协调和管理小组的进展；另一个学生可以负责收集资料，还有其他学生可以负责文档编辑或演示等。通过明确的角色分配，每个成员都知道自己的责任和任务，可以更好地发挥各自的优势。

2. 协商和讨论

教师可以鼓励学生进行协商和讨论，以确定最佳的分工方案。学生可以分享彼此的意见和建议，充分利用集体智慧，找到最合适的分工方案。通过协商和讨论，学生可以学会倾听和尊重他人的观点，培养团队合作精神。

3. 相互配合

一旦角色分配确定下来，学生就需要相互配合，确保各自的任务顺利完成。教师可以提供指导，帮助学生制订时间表和计划，确保每个成员都能按时完成自己的任务，并在必要时相互支持和协助。通过相互配合，学生可以体验到团队合作的重要性和价值，同时也培养了灵活性和适应性。

4. 团队反思

在合作任务完成后，教师可以引导学生进行团队反思。学生可以回顾合作过程中的优点和不足之处，分享彼此的体会和感受。通过反思，学生可以从中汲取经验教训，改进合作方式，提高团队合作精神和效果。

通过强调分工与合作，学生可以了解和尊重不同角色的重要性，并学会协作和相互配合，培养团队合作精神。在小组合作学习中，教师起到指导和监督的作用，引导学生合理分工和高效合作。教师还可以提供必要的支持和指导，帮助学生解决遇到的问题和困难。

（三）促进互助与支持

在小组合作学习中，教师可以鼓励学生之间相互帮助和支持。这种互助与支持的氛围可以促进小组内成员之间的合作和团队精神的培养。通过讨论和分享想法、相互提供反馈和建议等方式，学生可以相互支持和帮助，从而增强团队合作精神。

1. 共享资源

教师可以鼓励学生共享自己的资源和资料。学生可以将各自收集到的信息和资料进行分享，以使其他小组成员可以受益。通过共享资源，学生可以互相补充和丰富彼此的知识，并提高整个小组的学习效果。

2. 提供帮助

学生可以互相提供帮助，解决遇到的问题和困难。当一个小组成员遇到困难时，其他成员可以主动提供帮助和支持。可以通过讨论、解答问题或提供相关的参考资料等方式来帮助他人。这样的互助行为可以促进学生之间的合作和团队精神的培养。

3. 相互提供反馈和建议

在小组合作学习中，学生可以相互提供反馈和建议，帮助彼此改进。学生可以就他人的表达和观点给予评价，并提出具体的建议和改进意见。通过这样的反馈和建议，学生可以相互促进成长和提高，同时也增强了团队合作的意识和能力。

4. 鼓励积极参与

教师可以鼓励学生积极参与小组内的讨论和活动。鼓励学生提出自己的观点、分享自己的经验和思考，并积极参与到小组的合作中去。通过积极参与，学生可以更好地发挥个人优势，同时也为整个小组的合作作出贡献。

通过互助与支持，学生可以互补和协助，共同解决问题和完成任务。这种互助与支持的氛围可以促进学生之间的合作和团队精神的培养。教师在小组合作学习中起到引导和监督的作用，可以鼓励学生共享资源、提供帮助和解决问题，同时也需要提供必要的支持和指导。

（四）评价团队合作表现

在小组合作学习中，教师可以设立一套评价机制，对学生的团队合作表现进行评价。通过评价团队合作表现，可以激发学生的团队合作意识和积极性，促进他们在团队合作中的全面发展。

1. 设定评价标准

教师可以设定明确的评价标准，包括但不限于学生在合作过程中的积极性、主动性、合作贡献等方面。这些评价标准应该与学生合作任务的要求和目标相对应，能够全面反映学生的团队合作能力和表现。

2. 观察和记录

教师可以观察学生在合作过程中的表现，并及时记录下来。可以观察学生的参与度、贡献度、沟通与合作能力等方面的表现。教师还可以收集学生之间的互动和讨论情况，以便更好地了解学生的团队合作表现。

3. 给予肯定和指导

教师应该及时给予学生肯定和鼓励。当学生表现出积极性、主动性和合作贡献时，教师可以给予正面的反馈和肯定，以激发他们的团队合作意识和积极性。同时，教师也应该提供具体的指导和建议，帮助学生改进和提升团队合作能力。

通过评价团队合作表现，可以激发学生的团队合作意识和积极性，促进他们在团队合作中的全面发展。教师在评价过程中应注重公正和客观，根据事实和观察结果进行评价，避免主观臆断和偏见。同时，评价应该及时反馈给学生，让他们能够及时了解自己的团队合作表现，从而更好地调整和改进。

第三节 合作学习对高职英语学习者的影响分析

传统的英语学习方式往往侧重于个体学习，忽视了合作学习的潜力。合作学习是指学生在小组内共同努力完成任务，并通过互动与合作来提升学习效果。

一、合作学习的优势

（一）提高口语表达能力

在传统的个体学习方式中，学生往往无法得到及时的反馈和互动，导致口语练习的效果有限。而通过合作学习，学生可以与组员进行互动，共同练习口语技巧，从而提高口语表达能力。

合作学习提供了一个与他人互动的环境。在小组内，学生可以与组员进行口语练习，进行对话和讨论。这种互动的环境可以使学生更加自信地运用英语进行口语表达。他们可以分享自己的观点、听取他人的意见，并进行实践练习。通过与组员的互动，学生可以更好地纠正发音错误、改善语音语调，并且学会更自然流利地表达自己的想法。

合作学习促进了学生之间的互相学习和经验分享。在小组内，学生可以互相分享自己的学习经验和技巧，从而相互促进口语表达能力的提高。每个学生都有自己独特的学习方法和技巧，通过合作学习，他们可以互相学习借鉴，并应用到自己的口语练习中。例如，一个组员可能擅长流利地表达思想，而另一个组员可能更注重语法和词汇的正确运用。通过相互学习和交流，每个学生都能从中获益，提高自己的口语表达能力。

合作学习还可以提供实践机会，让学生通过模仿和实践来提升口语水平。在小组内，学生可以模仿组员的口音和语调，进行口语练习。通过模仿他人的表达方式，学生可以学习到正确的发音和语音语调，并将其应用到自己的口语练习中。同时，合作学习也可以提供一系列的实践任务，比如角色扮演、讨论话题等，让学生有机会实际运用所学的口语技巧。这种实践机会可以帮助学生更好地理解和掌握口语表达的技巧，从而提高口语表达能力。

（二）提高学习动力和兴趣

合作学习对高职英语学习者的学习动力和兴趣有着显著的提升作用。在传统的个体学习方式中，学生往往缺乏及时的反馈和鼓励，容易出现学习动力不足和对学习失去兴趣的情况。而通过合作学习，学生可以与组员进行互动，共同学习和解决问题，从而增加学习的动力和兴趣。

在小组内，学生可以与组员进行互动，分享自己的学习成果，并获得他人的评价和鼓励。这种及时的反馈和鼓励可以增强学生的自信心，激发他们更积极地投入学习中。学生们可以通过相互鼓励和支持来克服困难，共同进步。学生们也可以从组员的成果中获得启发和借鉴，从而提高自己的学习效果。

在小组内，学生们可以分享彼此的学习经验和技巧，共同探索解决问题的方法。通过与组员的互动和合作，学生们可以获得新的思路和观点，激发他们的学习兴趣。学生们可以在小组内共同制订学习目标，并通过集思广益的方式来达成这些目标。这种合作学习的过程不仅能够增加学习的乐趣，还能够培养学生的创造思维和解决问题的能力。

合作学习可以提供一种协作学习的环境，使学生们更加愿意参与到学习中。在小组内，学生们可以相互分工合作，共同完成学习任务。每个人都有自己的专长和优势，通过合作学习，学生们可以充分发挥自己的特长，并从他人的经验中学习到新的知识和技能。这种协作学习的环境可以减轻学生的学习压力，增加学习的乐趣，同时也能够提高学习效果。

二、合作学习的挑战

（一）管理团队合作过程

合作学习在管理团队合作过程方面面临着一些挑战。为了确保每个学生都能积极参与并取得进步，教师需要制订明确的任务和目标，并有效地组织和管理小组成员之间的合作和互动。

教师需要制订明确的任务和目标。合作学习需要有明确的学习目标和任务，以使学生们知道他们需要完成什么，并为此努力。教师应该清楚地向学生们传达任务的要求和期望，确保每个学生都理解并清楚自己的角色和责任。这样可以避免混乱和不确定性，使合作学习的过程更加有条理和高效。

教师需要监督和指导学生。在合作学习中，教师扮演着引导者和指导者的角色。教师应该密切关注学生们的合作情况，及时发现并解决问题。例如，当某个学生在合作学习中遇到困难或冲突时，教师应该提供帮助和支持，引导学生们寻找解决问题的方法。同时，教师还可以提供必要的资源和工具，促进学生们的合作和互动。

教师还需要帮助学生解决团队合作中的冲突和问题。在小组学习中，可能会出现意见不一致、分工不均等问题，这可能影响到合作学习的效果。教师应该教导学生们如何有效地沟通和解决冲突，培养他们的合作能力和协调能力。通过学习如何与他人合作和解决问题，学生们可以提高自己的团队合作技能，更好地参与合作学习。

最后，教师需要鼓励学生们积极参与合作学习。有些学生可能更加倾向于个体学习，不愿意主动参与讨论和合作。教师应该采取措施激发学生的积极性，鼓励每个学生参与到合作学习中，并给予相应的奖励和反馈。例如，教师可以设立小组奖励制度，鼓励小组成员共同努力完成任务，或者定期对学生的合作表现进行评价和反馈，以激发学生的积极参与和合作意识。

（二）不平衡的参与度

在合作学习中，不平衡的参与度是一个常见的挑战。有些学生可能对合作学习缺乏积极性，过于依赖他人或者不愿意主动参与讨论和合作。这种不平衡的参与度可能会影响整个小组的学习效果。为了解决这个问题，教师需要采取措施激发学生的积极性，鼓励每个学生参与到合作学习中，并给予相应的奖励和反馈。

教师可以通过设立小组奖励制度来激发学生的积极性。例如，教师可以根据小组成员的参与度、贡献和表现，设立奖励机制，鼓励学生积极参与合作学习。这样可以激发学生的竞争心理，提高他们的参与度和投入程度。同时，教师还可以定期对学生的合作表现进行评价和反馈，给予他们相应的奖励和肯定，以增加他们的动力和参与度。

教师可以采用多元化的教学策略来促进学生的积极参与。例如，教师可以设计一些有趣和具有挑战性的任务，激发学生的兴趣和主动性。教师还可以采用个人报告、小组展示等方式，鼓励每个学生都有机会参与到合作学习中，发表自己的观点和想法。这样可以减少学生之间的不平衡参与度，并促进全体学生的积极参与。

另外，教师可以提供必要的支持和指导，帮助学生们克服参与障碍。有些学生可能对合作学习感到紧张或者缺乏自信心，不愿意在小组讨论中表达自己的意见。教师可以通过个别辅导或者小组内部辅导，帮助这些学生克服心理上的障碍，增强他们的参与意愿。同时鼓励学生们相互合作，建立良好的学习氛围，让每个学生都感到被接纳和尊重，从而提高他们的参与度。

（三）时间管理问题

在合作学习中，时间管理也是一个常见的挑战。合作学习通常需要较长的时间来进行讨论和协商，这可能导致学习进度缓慢。特别是对于高职学习者来说，他们可能面临着很多其他课程和实习等任务的压力，因此时间管理成为一个重要的问题。教师需要帮助学生合理规划时间，确保合作学习不会影响其他学习任务的完成。

教师可以在合作学习开始之前制订明确的计划和时间安排。在小组形成之初，教师可以与学生共同讨论并确定学习目标、任务分配和时间表。通过制订明确的计划，学生们可以有一个清晰的学习路线图，知道每个阶段需要达到的目标和完成的任务。这样可以提高学生们对时间的认识和规划能力，减少时间浪费，提高学习效率。

教师可以指导学生掌握有效的时间管理技巧。在合作学习中，学生们需要在规定的时间内完成任务和讨论。教师可以教授学生一些时间管理的技巧，如制订优先级列表、使用番茄钟法等，帮助学生更好地安排和利用时间。教师还可以提醒学生合理分配时间，避免花费过多时间在某个环节上，造成其他任务的延误。

教师可以通过设置阶段性的检查点和反馈机制来监督学生的时间管理。在合作学习过程中，教师可以定期与学生进行沟通和反馈，了解他们的进展和遇到的问题。如果发现学生在时间管理方面存在困难，教师可以及时给予指导和帮助，调整学习计划并重新规划时间。这样可以及时纠正学生的不良时间管理行为，确保合作学习的顺利进行。

最后，教师可以鼓励学生之间相互支持和互助，共同解决时间管理问题。在小组学习中，学生们可以相互提供帮助和支持，协商和调整时间安排。例如，他们可以共同商讨合适的讨论时间，根据各自的课程表和实习安排来制订合理的学习时间。通过学生之间的互相配合和协作，时间管理问题可以得到更好地解决。

第五章　基于项目学习的高职英语教学

第一节 项目学习的原理与过程

项目学习是一种基于实际项目开展的学习方式，通过解决真实问题和实践项目管理技能来提高学生的综合素质。项目学习不同于传统的课堂教学模式，它更注重学生的主动参与和实践能力的培养。

一、项目学习的原理

（一）问题驱动

项目学习的核心在于解决实际问题。与传统教学相比，项目学习要求学生面对具体的挑战和任务，并通过分析、思考和实践来解决这些问题。这种问题驱动的学习模式不仅能够激发学生的学习兴趣和动力，还能培养他们的创新思维和解决问题的能力。

在传统教学中，学生缺乏实践操作和应用的机会。而在项目学习中，学生需要主动地参与到实际项目中，面对各种实际问题并提出解决方案。这样一来，学生不仅能够更好地理解所学知识的实际应用，还能够培养自主学习和团队合作的能力。

在问题驱动的学习过程中，学生需要进行深入的调研和分析，了解问题的背景和相关因素。然后，他们需要运用所学知识和技能，提出解决问题的方案，并进行实践验证。这个过程不仅能够让学生更加深入地理解和掌握知识，还能够培养他们的批判性思维和创新能力。

问题驱动的学习模式还能够激发学生的学习兴趣和动力。在传统教学中，学生可能因为缺乏实际应用场景而感到无趣或者难以理解知识的重要性。而在项目学习中，学生将直接面对实际问题，并通过解决这些问题来提高自己的能力。这种直接的反馈机制能够激发学生的学习动力，使他们更加主动地参与学习过程。

（二）跨学科整合

在一个项目中，学生可能需要运用到多个学科的知识和技能，如数学、科学、语言等。通过跨学科整合，学生能够更全面地理解和应用知识，提高解决问题的能力。

传统教学往往将不同学科的知识分割开来，以独立的方式进行教学。这种分割导致了学生对知识的片面理解，难以将知识应用于实际情境中。而在项目学习中，学生需要综合运用各个学科的知识，从而更好地理解问题的本质和解决方法。

跨学科整合不仅能够加深学生对知识的理解，还能够培养他们的综合思考和创新能力。通过将不同学科的知识和技能进行整合，学生能够更好地发现问题之间的联系和相互影响，从而提出更全面和创新的解决方案。这种跨学科思维的培养对于学生的终身学习和职业发展都具有重要意义。

在跨学科整合的过程中，学生需要将不同学科的知识进行对比和融合。他们需要通过分析和思考，找出各个学科在解决问题中的优势和局限性，并将其整合应用于实际情境中。这样一来，学生不仅能够更好地理解知识，还能够培养批判性思维和解决问题的能力。

跨学科整合还能够提高学生的学习动力和兴趣。通过将不同学科的知识联系起来，学生能够更好地理解知识的实际应用和意义。这种实际应用能够激发学生的学习动力，使他们更加主动地参与学习过程。

（三）实践导向

学生在项目中不仅需要掌握理论知识，还需要将这些知识应用到实际情境中，通过实践来验证和巩固所学内容。这种实践导向的学习方式有助于提高学生的问题解决能力和创新思维。

传统教学往往只停留在理论层面，学生被动地接受和记忆知识，缺乏实际操作和应用的机会。而在项目学习中，学生需要主动地参与到实际项目中，面对各种实际问题并提出解决方案。通过实践操作，学生能够更好地理解所学知识的实际应用，并将其运用到实际情境中。

实践导向的学习方式能够培养学生的问题解决能力和创新思维。在项目学习中，学生需要面对各种挑战和问题，并通过实践解决这些问题。这个过程不仅要求学生运用所学知识，还需要他们进行深入的分析和思考，寻找创新的解决方案。通过不断实践和反思，学生能够培养批判性思维和解决问题的能力。

实践导向的学习方式还能够提高学生的学习动力和兴趣。通过将理论知识与实际应用相结合，学生能够更好地理解知识的意义和重要性。这种实际应用能够激发学生的学习动力，使他们更加主动地参与学习过程。

在实践导向的学习中，学生需要通过实际操作来验证和巩固所学内容。他们需要完成实践性的任务，积极参与到项目中，亲身体验并反思自己的学习过程。通过实践的反馈，学生能够更好地了解自己的优势和不足，并有针对性地调整学习策略。

二、项目学习的过程

项目学习包括以下几个关键的步骤和环节：

（一）确定项目目标

在项目学习开始之前，第一个步骤是明确项目的目标和预期成果。这个阶段通常由教师和学生共同参与，通过讨论和协商来确定项目的范围、任务和要求。

确定项目目标的过程中，教师起到了引导和指导的作用。他们会与学生一起探讨问题背景和项目的关键要素，以便明确项目的目标和意义。教师也会根据学生的兴趣和能力，提供适当的建议和指导，帮助学生制订可行的项目目标。

学生在这个过程中需要积极参与，并提出自己的想法和建议。通过讨论和协商，他们能够更好地理解项目的意义和目标，同时也能够培养团队合作和沟通能力。

在确定项目目标时，需要考虑以下几个方面：

1. 明确项目中要解决的具体问题或挑战，确保项目目标与问题紧密相关。

2. 明确项目的最终产出物，可以是实际产品、报告、演示等形式，以及对应的评估标准。

3.确定项目的时间框架和所需资源，包括人力、物力和技术支持等方面。

4.明确教师和学生在项目中的角色和责任，以及可能涉及的其他相关人员。

通过明确项目目标，可以为整个项目提供明确的方向和指导。同时，这也有助于激发学生的学习兴趣和动力，因为他们知道他们正在解决一个真实的问题，并且他们的努力将会产生具体的成果。

（二）项目规划

在项目规划阶段，学生需要制订详细的项目计划和时间表。他们需要分析项目的需求，确定项目的关键节点和里程碑，并安排合理的工作流程和分工。

学生需要对项目的需求进行全面的分析。他们应该与项目相关方沟通，了解他们的期望和需求。通过收集和整理信息，学生可以明确项目的目标和范围。这包括确定项目的交付物、功能和性能要求等。

接下来，学生需要确定项目的关键节点和里程碑。关键节点是项目中必须完成的重要任务或阶段，而里程碑是项目进展的重要里程碑事件。学生应该根据项目的复杂性和紧迫性来确定这些节点和里程碑。这有助于确保项目按时完成，并提供检查项目进展的指标。

然后，学生需要安排合理的工作流程和分工。他们应该确定项目中涉及的各个任务和活动，并将其组织成逻辑的顺序。学生可以使用甘特图或类似的工具来可视化项目的工作流程和依赖关系。学生还需要确定每个任务的持续时间和资源需求，以便为项目的时间表和预算做出准确的安排。

最后，学生应该分配工作任务给项目团队成员。他们需要根据每个成员的技能和经验，以及项目需求和时间表，来合理地分配任务。通过充分利用每个人的专长和优势，可以提高项目的效率和质量。

（三）团队组建

在团队组建阶段，学生根据项目的需求和任务，进行团队组建。通过合适的角色和职责分配，可以实现团队成员之间的优势互补和协作。

学生应该明确项目所需的技能和专业背景。根据项目的性质和要求，学生可以确定需要哪些专业知识和技能。例如，一个软件开发项目可能需要有编程和系统设计方面的专业人才，而一个市场营销项目可能需要有市场调研和推广策略方面的专业人才。学生可以根据这些需求来选择团队成员。

学生可以考虑每个团队成员的兴趣和专长。学生可以了解每个成员的个人喜好和技能，以便更好地分配角色和职责。这样做可以激发每个成员的积极性和创造力，并提高整个团队的工作效率和质量。

学生还可以考虑团队成员之间的相互关系和协作能力。一个团队的成功不仅仅取决于每个成员的个人能力，还取决于他们之间的合作和沟通。学生可以选择具有良好团队合作精神和良好沟通能力的成员，以确保团队的协作顺畅。

在团队组建过程中，学生还应该考虑团队的规模和结构。一个团队的规模应该适合项目的需求和复杂性。如果团队太小，可能无法满足项目的要求；如果团队太大，可能会导致沟通和协调困难。学生可以确定团队的结构。例如，确定一个团队领导者或项目经理，以便更好地管理和指导团队。

（四）调研和分析

在项目中，学生需要进行相关领域的调研和数据分析，以深入了解问题的背景和现状。这一过程包括收集、整理和评估相关信息，并提出解决方案的建议。

学生需要确定调研的目标和范围。他们应该明确要解决的问题或挑战，并设定合适的调研目标。例如，如果项目是关于市场营销策略的，学生可以选择调研市场趋势、竞争对手和目标受众等方面的信息。

接下来，学生需要收集相关的数据和信息。他们可以通过多种渠道获取信息，如文献阅读、互联网搜索、采访专家和行业报告等。学生应该选择可靠和权威的信息源，以确保所收集到的数据准确和可信。

然后，学生需要对收集到的数据进行整理和分析。他们可以使用统计方法、图表和图形化工具来展示和解释数据。通过分析数据，学生可以发现问题的根本原因、趋势和潜在机会。这有助于为解决方案的制订提供依据。

在分析数据的基础上，学生需要评估不同解决方案的可行性和效果。他们可以比较不同方案的优缺点，权衡各种因素，如成本、资源和风险等。学生应该提出建议，并根据调研结果推荐解决方案。

最后，学生需要将调研和分析结果整理成报告或演示文稿，以便向相关方传达信息。学生应该清晰地呈现数据和结论，并提供支持和解释。这样可以确保相关方能够理解和接受所提出的解决方案。

（五）方案设计

在方案设计阶段，学生需要根据调研和分析的结果，制订解决问题的具体方案和策略。这涉及资源的利用、技术的应用和风险的评估等方面。

学生需要明确解决问题的目标和范围。他们应该清楚地定义要解决的核心问题，并设定可实现的目标。例如，如果问题是关于提高销售业绩的，学生可以设定增加销售额或提高客户满意度等具体目标。

学生需要考虑可行的解决方案。他们可以基于调研和分析的结果，提出多种可能的解决方案。学生应该评估每个方案的优缺点，并选择最适合项目需求和目标的方案。这包括考虑资源的可用性、技术的可行性和预期效果等因素。

学生需要设计具体的实施计划和策略。他们应该确定每个方案的步骤和时间表，并安排相关的任务和活动。学生还应考虑资源的分配和利用，以确保项目能够按计划进行。学生还应该制订风险管理计划，评估并应对潜在的风险和挑战。

在方案设计过程中，学生还需要考虑技术的应用和创新。根据项目的特点，学生可以提出使用新技术或创新方法来解决问题。他们应该评估这些技术的可行性和效果，并确定是否采用。

最后，学生需要将方案设计整理成报告或演示文稿，以便向相关方传达信息。学生应该清晰地呈现方案的内容和实施计划，并提供充分的解释和支持。这样可以确保相关方对方案有清晰的理解，并能够支持其实施。

（六）实施和监控

在实施和监控阶段，学生根据方案设计的要求，开始执行项目并进行监控。他们需要按照计划进行工作，解决遇到的问题，并及时调整和修正方案。

学生需要根据方案设计的实施计划，开始执行项目的各项任务和活动。他们应该分配工作给团队成员，并确保每个人明确自己的职责和任务。学生可以使用项目管理工具来跟踪和管理项目进展，以确保按计划进行。

在实施过程中，学生需要密切关注项目的进展和问题的出现。他们应该定期与团队成员进行沟通和协调，了解他们的工作状态和遇到的困难。如果有任何偏离计划的情况出现，学生应该及时采取措施，纠正偏差，并调整方案。

学生还需要解决遇到的问题和挑战。这可能涉及技术上的困难、资源不足或团队成员间的合作问题等。学生应该寻找解决问题的方法和策略，与团队成员一起协作，共同克服困难。

在项目实施过程中，学生应该进行监控和评估。他们可以设定关键绩效指标和里程碑，来衡量项目的进展和达成情况。学生可以使用数据收集和分析工具，来监测项目的质量、时间和成本等方面的表现。

如果发现项目偏离预期目标或出现风险，学生应该及时调整和修正方案。他们可以与相关方进行沟通，并寻求意见和建议。学生需要灵活应对变化，确保项目能够按时、高质量地完成。

在实施和监控阶段结束时，学生需要对项目的结果进行评估和总结。他们可以回顾项目的整个过程，分析成功因素和教训，并提出改进建议。这将有助于学生在未来的项目中吸取经验教训，提高项目管理能力。

（七）成果展示

在项目结束之前，学生需要展示他们的成果。这可以通过报告、演示、展览等形式来实现，以便分享经验和收获。

学生可以准备一个项目报告，详细介绍项目的目标、范围、实施过程和结果。他们可以提供数据和图表来支持报告，并解释关键决策和行动。报告应该清晰地呈现项目的价值和成果，以便观众能够全面了解项目的背景和意义。

学生可以进行项目演示。他们可以使用多媒体工具或软件来展示项目的关键内容和功能。通过演示，学生可以直观地展示项目的成果，并向观众展示项目的实际效果和功能。这有助于增加观众对项目的理解和欣赏。

学生还可以组织项目展览或展示会。他们可以准备相关材料和展板，展示项目的各个方面和阶段。学生可以与观众互动，解答问题并分享他们的学习和经验。展览或展示会提供一个交流和互动的平台，促进知识和经验的共享。

在成果展示中，学生还应该强调他们的学习成果和个人发展。他们可以分享在项目中获得的知识、技能和经验，并提及如何将这些成果应用到实际情境中。学生可以讲述项目中的挑战和解决方案，以及通过项目所获得的自我成长和职业发展机会。

在成果展示结束后，学生应该接受观众的反馈和评价。他们可以借此机会收集意见和建议，以便在未来的项目中改进和提升。学生还可以与其他团队或专业人士进行交流，从他们的经验中获得灵感和启发。

（八）总结和反思

在项目结束后，学生需要对整个项目进行总结和反思。这包括回顾项目的过程和成果，分析问题和挑战，并提出改进的建议和教训。

学生可以回顾项目的目标和范围，评估项目是否达到了预期的结果。他们可以比较实际成果与最初设定的目标，分析差距并找出原因。通过这样的总结，学生可以了解项目的成功因素和不足之处。

接着，学生可以分析项目中遇到的问题和挑战。他们可以考虑技术难题、资源限制、沟通问题等方面的困扰，并找出解决方法或应对策略。学生还可以思考如何在类似的项目中避免或减轻这些问题的发生。

同时，学生应该评估项目中采用的方法和策略的有效性。他们可以考查所采取的决策和行动是否带来了预期的结果，是否有更好的替代方案可供选择。通过这样的分析，学生可以得出关于项目管理和执行的经验教训。

在总结和反思过程中，学生还可以提出改进的建议和措施。他们可以根据项目中的不足之处，提出相应的改进方案。这可能涉到流程的优化、团队合作的加强、沟通机制的改进等方面的建议。

学生还应该反思个人的学习和成长。他们可以思考在项目中学到了哪些新的知识和技能，以及如何将这些学习应用到未来的项目和职业发展中。学生可以评估自己在团队合作、领导能力、问题解决等方面的表现，并寻找提升自身能力的方法和机会。

最后，在总结和反思的过程中，学生可以与团队成员、指导教师或其他专业人士进行交流和讨论。通过分享经验和意见，学生可以从他人的观点和反馈中获得新的启发和视角。

通过以上的步骤和环节，学生能够全面地参与到项目学习中，提高自己的综合素质和实践能力。同时，项目学习也能够培养学生的创新思维、问题解决能力和团队合作精神，为他们未来的职业发展打下良好的基础。

第二节 项目学习在高职英语教学中的应用

一、项目学习的概念和特点

项目学习是指通过学生自主合作的方式，以解决实际问题或完成具体任务为目标，开展系统性的学习活动。相比传统的教学模式，项目学习具有以下几个显著特点：

（一）学生主导

项目学习强调学生的主动参与和自主学习。学生可以根据自己的兴趣和需求选择项目，并在项目中担任实际角色，培养解决问题的能力和创新思维。

学生主导的项目学习鼓励学生在项目中提出问题、探索解决方案，并参与实际操作和实践应用。学生通过自主学习和独立思考，培养了解决问题的能力和创新思维。他们不是被动地接受知识，而是积极地参与到项目中，运用所学的英语知识和技能解决实际问题。这种学生主导的学习方式，使学生能够更好地理解和应用所学的知识，提高实际应用能力。

学生主导的项目学习还培养了学生的自我管理和协作能力。在项目中，学生需要自主安排时间、制订计划，并与团队成员合作完成任务。他们需要学会如何有效地分配工作，如何沟通和协调团队中的成员。这种自我管理和协作能力对于学生未来的职业发展至关重要。

（二）跨学科性

项目学习可以涉及多个学科领域，通过跨学科合作，学生可以综合运用各种知识和技能，提高综合素质。

传统的高职英语教学往往将英语学习与其他学科相对立，强调语言知识的掌握和应用。然而，在实际工作和生活中，英语往往需要与其他学科知识结合，才能更好地应用。项目学习强调跨学科合作和综合运用知识，使学生能够将英语学习与其他学科领域相结合，提高综合素质。

在项目学习中，学生可以通过团队合作的方式，与不同专业背景的同学一起解决实际问题。例如，一个关于环保的英语项目可以涉及环境科学、经济学、社会学等多个学科领域。学生可以从不同学科的角度出发，共同研究和解决问题。这种跨学科的合作能够帮助学生综合运用各种知识和技能，培养综合素质。

跨学科的项目学习还能够激发学生的创新思维和问题解决能力。通过涉及多个学科领域的项目，学生需要在不同学科的知识和技能之间进行融合和创新。他们需要学会运用所学的英语知识和其他学科的知识，提出创新的解决方案。这种跨学科的思维方式能够培养学生的创新能力和问题解决能力，为将来的职业发展打下良好基础。

跨学科的项目学习还能够拓宽学生的视野和知识面。在项目中，学生可以接触不同学科领域的知识，了解不同学科之间的联系和相互作用。这种跨学科的学习经历有助于学生形成全局观和综合思维，培养他们的跨学科思维和能力。

二、项目学习在高职英语教学中的优势

（一）增强学习兴趣

传统的高职英语教学模式往往以课本为中心，注重知识的灌输和考试的结果，而忽视了学生的学习兴趣。相比之下，项目学习以学生的兴趣和需求为出发点，使学习更具有情境性和可操作性，激发学生的学习兴趣。

在项目学习中，学生可以根据自己的兴趣和需求选择适合自己的项目，并在项目中扮演不同的角色。这种自主选择和参与的方式使学习变得更加具有个性化和自由度。学生可以选择自己感兴趣的主题或问题进行深入研究，从而提高学习的动力和积极性。

项目学习强调学习的实际应用，将学习与现实生活联系起来。学生通过参与真实的项目，解决实际问题，将所学的知识运用到实践中。这种实际应用的学习方式使学习更加具有意义和价值，激发了学生的学习兴趣和动力。

项目学习注重学生的主动参与和合作交流。学生在项目中可以与同学合作、

交流和分享，共同解决问题。这种合作交流的方式使学习变得更加有趣和有挑战性，激发了学生的学习兴趣。

项目学习还可以通过多样化的学习资源和方法来增强学习兴趣。学生可以利用互联网、图书馆等资源进行自主学习和研究，丰富学习内容。同时，项目学习也鼓励学生使用多种学习方法和工具，如实地调研、访谈、展示等，使学习变得更加多样化和有趣。

（二）培养团队合作能力

项目学习强调学生之间的合作和沟通，通过分工合作和角色扮演，培养学生的团队合作能力和沟通能力。在高职教育中，团队合作能力是非常重要的素质，可以培养学生的协作精神和领导能力。

在项目学习中，学生通常以小组的形式进行合作。每个小组成员都有自己的任务和角色，并需要相互协作，共同完成项目。这种团队合作的方式促使学生学会倾听和尊重他人意见，学会有效地沟通和协商，能够培养良好的合作态度和协作精神。

通过参与团队合作，学生不仅可以学会分工合作和任务协调，还可以学习如何有效地解决冲突和处理问题。在项目学习过程中，难免会出现意见不合或困难挑战。学生需要学会积极面对困难，寻找解决问题的方法，并通过团队合作解决问题。这种经历能够培养学生解决问题的能力和应变能力。

除了团队合作，项目学习还可以通过角色扮演的方式培养学生的领导能力。在项目中，每个学生都有机会担任不同的角色，如项目经理、组长等。通过扮演这些角色，学生可以学习如何有效地分配任务、指导团队成员，并推动项目的进展。这种角色扮演能够培养学生的领导能力和团队管理能力。

团队合作还可以促进学生之间的互相学习和支持。在团队中，学生可以分享自己的知识和经验，互相学习并共同进步。他们可以相互鼓励和支持，在困难时给予帮助和支持。这种互相学习和支持的氛围有助于学生的个人成长和团队凝聚力的形成。

（三）促进综合素质发展

高职英语教学不仅需要学生掌握语言知识，还需要培养学生的综合素质，如创新思维、问题解决能力等。项目学习通过跨学科合作和实践操作，可以提高学生的综合素质，使他们具备更好的就业竞争力。

在项目学习中，学生需要运用多种知识和技能来解决实际问题。这要求学生具备综合运用各种学科知识的能力，培养他们的跨学科思维和综合素质。通过跨学科合作，学生可以将所学的英语知识与其他学科领域的知识相结合，形成更加全面和综合的能力。

在实践操作中，学生需要将理论知识转化为实际能力。例如，在一个商务英语项目中，学生需要运用所学的商务知识和英语技能，进行商务会议模拟和商务谈判演练。这种实践操作培养了学生的实际应用能力和问题解决能力，使他们具备更好的职业适应能力。

项目学习还注重培养学生的创新思维和创造力。在项目中，学生需要提出创新的解决方案，寻找新的方法和途径。通过跨学科合作和实践操作，可以培养学生的创新思维和创造力。这种创新思维和创造力对于学生未来的职业发展非常重要。

除了学科知识和实际能力，项目学习还注重培养学生的团队合作能力和沟通能力。在项目中，学生需要与团队成员进行合作和交流，共同解决问题。通过团队合作和角色扮演，学生可以培养协作精神、沟通能力和领导能力。这些综合素质对于学生未来的职业发展和就业竞争力非常重要。

三、项目学习在高职英语教学中的实施方法

（一）选择适当的项目

在高职英语教学中，选择适当的项目非常重要。合理的项目选择可以提高学生的学习兴趣和参与度，促进他们的实际应用能力和综合素质的发展。

选择的项目应该与学生的专业相关。项目内容应该与学生所学专业的领域有关，能够帮助学生将英语知识应用到实际工作场景中。例如，如果学生学习酒店管理专业，可以选择一个关于酒店英语沟通和客户服务的项目。这样的项目可以帮助学生熟悉酒店行业的英语用语和工作流程，提高他们在实际工作中的应用能力。

项目应该能够涵盖英语学习的各个方面。高职英语教学旨在培养学生的听、说、读、写、译等多种语言技能。因此，在选择项目时，应该考虑涵盖这些技能的机会。比如，一个关于文化交流的项目可以包括听取演讲、参加讨论、阅读相关材料、撰写反思等多种任务，使学生能够全面发展各项英语技能。

项目的难度和挑战性也需要适应学生的水平。项目的难度应该与学生的英语水平相匹配，既不能太简单，使学生没有挑战，也不能太复杂，使学生感到沮丧和无助。教师可以根据学生的水平和能力进行评估，选择适当的项目，并适时提供支持和指导，帮助学生克服困难。

在选择适当的项目时，还可以考虑学生的兴趣和需求。学生更容易参与和投入他们感兴趣的项目中。因此，教师可以与学生进行沟通，了解他们的兴趣和需求，根据学生的意愿和反馈来选择合适的项目。这样可以增强学生的主动性和学习动力。

（二）设计合理的任务

在项目学习中，设计合理的任务是非常关键的。合理的任务设计能够激发学生的学习兴趣，与实际问题紧密相关，并培养学生的实际应用能力。同时，任务的分工和时间安排也需要合理，确保每个学生都能够积极参与并完成任务。

任务设计应该能够激发学生的学习兴趣。任务应该与学生的兴趣和需求相匹配，具有一定的挑战性和吸引力。例如，可以设计一个关于环境保护的英语项目，要求学生调查当地的环境问题并提出解决方案。这样的任务既能够激发学生对环境问题的关注，又能够提高他们的实际应用能力。

任务应该与实际问题紧密相关。任务设计应该能够使学生将所学的知识和技能应用到实际问题中，培养他们解决问题的能力。例如，一个关于市场营销的英语项目可以要求学生分析某个产品的目标市场，并设计一份市场调研报告。这样的任务能够帮助学生将所学的市场营销理论应用到实际问题中，提高他们的实际应用能力。

同时，任务的分工和时间安排也需要合理。在项目学习中，每个学生都应该有明确的任务和角色，并参与到团队合作中。任务的分工应该根据学生的兴趣、能力和专业背景进行合理安排，使每个学生都能够发挥自己的优势。教师还应该制订适当的时间安排，确保每个学生都有足够的时间完成任务，并及时提供指导和支持。

任务设计还可以考虑多样化的形式和方式。学生可以通过文献调研、实地调查、模拟演练、小组讨论等多种方式来完成任务。这样可以提供不同的学习体验，激发学生的创造力和探索精神。

（三）指导和辅导学生

在项目学习中，教师的角色是指导者和辅导者。教师应该给予学生必要的指导和支持，帮助他们解决问题和困难。教师还可以提供相关的资源和参考资料，引导学生进行自主学习和研究。

教师应该为学生提供项目学习的框架和指导方向。在项目开始之前，教师可以明确项目的目标和要求，并与学生一起讨论和制订项目计划。这样可以帮助学生明确学习目标和任务，并有针对性地安排学习内容和活动。

教师可以通过小组讨论、个别指导等方式，帮助学生解决问题和困难。在项目学习过程中，学生可能会遇到各种挑战和难题，需要教师的指导和支持。教师可以组织小组讨论，鼓励学生互相交流和分享解决问题的方法。同时，教师也可以通过个别指导，与学生进行一对一的交流，帮助他们解决具体问题。

教师还可以提供相关的资源和参考资料，引导学生进行自主学习和研究。在项目学习中，学生可能需要进行查阅文献、实地参观和开展调研等活动，以获取更多的信息和素材。教师可以提供相关的资源和参考资料，指导学生如何进行自主学习和研究。教师还可以推荐一些合适的学习工具和技术，帮助学生更好地进行学习和研究。

除了指导和辅导学生，教师还可以定期进行项目评估和反馈。在项目学习过程中，教师可以与学生进行中期评估，了解他们的学习进展和困难，并提供及时的反馈和建议。这样可以帮助学生及时调整学习策略和解决问题，确保项目的顺利进行。

第三节 项目学习对高职英语学习者的评价与反馈

评价与反馈是项目学习中不可或缺的环节。通过评价与反馈，可以及时了解学生的学习情况，发现问题并及时纠正，激发学生的学习动力和积极性。对于高职英语学习者而言，评价与反馈还可以帮助他们提高英语沟通能力和跨文化交际能力，为未来的职业发展打下坚实的基础。

一、评价方法

（一）组织形式

在项目学习中，有多种可以采用的组织形式来进行评价。这些形式包括小组讨论、个人报告以及成果展示等。通过这些不同的形式，我们能够全面地了解学生的学习情况和表现，并且能够更好地指导学生的学习。

小组讨论是一种常见的组织形式。在小组讨论中，学生们可以共同探讨和分析课程内容，分享彼此的观点和内容的理解。通过参与讨论，学生们能够加深对知识的理解，培养团队合作和沟通能力。教师也可以通过观察学生的参与度、贡献和思维方式来评估他们的学习情况。

个人报告也是一种常见的评价形式。在个人报告中，学生们需要准备并展示他们对项目或课程内容的理解和分析。通过报告，学生们能够提升自己的口头表达能力，并且加深对知识的理解。教师可以通过评估学生的报告内容、逻辑性和表达能力来评判他们的学习情况。

除了小组讨论和个人报告，成果展示也是一种很好的评价形式。在成果展示中，学生们可以展示他们在项目或课程中所取得的成果。这可以是一个展示文档、一个设计作品或者一个实验结果。通过展示，学生们能够将理论知识应用到实践中，并且展示他们的创造力和解决问题的能力。教师可以通过评估学生的展示内容、创意和质量来评估他们的学习情况。

（二）评价标准

评价标准对于学生的学习目标和任务至关重要，应该具体明确，能够针对学生的需求进行评估。对于高职英语学习者而言，评价标准可以包括以下方面：

1. 语法准确性

语法是英语学习的基础，评价标准应该考查学生对基本语法规则的掌握程度，包括句子结构、时态、语态等。学生的语法准确性反映了他们对语言规则的理解和应用能力。

2. 词汇使用

词汇是英语表达的重要组成部分，评价标准应该考查学生对常用词汇的掌握程度以及其运用的准确性和丰富性。学生的词汇使用能力直接影响其语言表达的质量和流利程度。

3. 口语表达能力

口语表达能力是衡量英语学习者沟通交流能力的重要指标。评价标准应该考查学生在口语表达中的流利程度、发音准确性、语调和语速的掌握程度，以及词汇和语法的正确运用。

4. 听力理解能力

听力理解能力对于学生的语言学习和交流至关重要。评价标准应该考查学生对于不同语速、口音和语境下的听力材料的理解能力，包括主旨理解、细节理解和推理能力等。

除了上述方面，评价标准还可以考虑以下内容：

1. 阅读理解能力

阅读理解是英语学习者获取信息和扩展知识的重要途径，评价标准应该考查学生对于不同类型文本的理解能力，包括主旨把握、细节理解和推理能力。

2. 写作能力

写作是英语学习者表达思想和观点的重要方式，评价标准应该考查学生的文章结构、语法使用、词汇运用和逻辑思维能力等。

3. 学习策略和自主学习能力

评价标准还可以考查学生在学习过程中的学习策略和自主学习能力，包括学习目标的设定、学习计划的制订和执行、问题解决能力以及对反馈的接受和应用等。

评价标准应该具体明确，并且能够与学生的学习目标和任务相匹配。通过合理的评价标准，教师可以全面了解学生的学习情况，为他们提供个性化的指导和支持，帮助他们取得更好的学习成果。

（三）多元化评价

评价学生的学习情况应该是多元化的，不仅仅依赖于考试成绩。除了通过考试成绩的评价，还可以通过以下方面来进行评价：

1. 日常表现

学生的日常表现是评价学习情况的重要指标之一。教师可以观察学生是否积极参与课堂活动，是否主动提问和回答问题，是否认真完成课后作业等。通过日常表现的评价，可以了解学生的学习态度、主动性和参与度。

2. 作业质量

作业质量也是评价学生学习情况的重要依据之一。教师可以评估学生的作业完成情况，包括准确性、逻辑性、深度和创新性等。通过作业质量的评价，可以了解学生对知识的理解和应用能力。

3. 课堂参与

学生在课堂上的参与程度也反映了他们的学习情况。教师可以评估学生在课堂上的回答问题的准确性和深度，是否积极参与讨论，是否与同学合作等。通过课堂参与的评价，可以了解学生的思维能力、合作能力和沟通能力。

4. 实践项目

实践项目是评价学生学习情况的有力工具之一。通过参与实践项目，学生能够将理论知识应用到实际问题中，培养创新思维和解决问题的能力。教师可以评估学生在实践项目中的表现，包括团队合作能力、解决问题的能力和成果展示等。

通过多元化的评价方式，可以更全面地了解学生的学习情况和表现。这样的评价方法能够更准确地反映学生的学习能力和潜力，并且能够提供更有针对性的指导和支持，帮助学生实现个人的学习目标。

二、反馈方法

（一）即时反馈

即时反馈是指在学生完成任务或者发表意见之后，立即给予评价和建议。这种反馈方式具有及时性和实效性，能够迅速告知学生他们的表现如何，并为他们提供改进的方向。即时反馈在教育领域被广泛运用，无论是在课堂上还是在网络学习中，都能够起到积极的作用。

即时反馈可以帮助学生了解自己的表现。通过及时获得他人的评价和建议，学生可以更加准确地了解自己在学习过程中的优势和不足。这有助于他们认识到自己的成绩状况，从而激发积极的学习动力。同时，即时反馈也能够帮助学生认识到自己的进步，增强自信心。

即时反馈能够帮助学生改进学习方法和策略。通过评价和建议，学生可以了解到自己在哪些方面存在问题，以及如何改进自己的学习方法和策略。例如，在语文写作中，教师及时反馈学生的作文，指出其中的错误和不足之处，并提供相应的建议和指导。学生可以根据这些反馈进行修正，提高自己的写作水平。

即时反馈还能够促进师生之间的互动和沟通。通过及时反馈，学生可以与教师进行交流，了解自己的问题和困惑，并寻求帮助。而教师也可以通过即时反馈了解学生的学习情况和需求，及时调整教学内容和方式，更好地满足学生的学习需求。

然而，即时反馈也需要注意一些问题。反馈的内容应该具有针对性和建设性，不能简单地进行表扬或批评，而是要具体指出问题并给出解决方案；反馈的方式和形式要灵活多样，可以是口头的，也可以是书面的，以适应不同学生的需求和接受方式；反馈应该及时准确，避免过于延迟或者错误的评价影响学生的学习动力和积极性。

（二）个性化反馈

个性化反馈是根据学生的实际情况，有针对性地给出建议和指导。每个学生都有自己独特的学习风格、能力水平和兴趣爱好，因此，个性化反馈可以更好地满足他们的学习需求，并帮助他们取得更好的成绩。

个性化反馈可以帮助学生发现自己的优势和潜力。通过了解学生的兴趣爱好、学习方式和学科特长，教师可以根据这些信息给予学生相应的反馈。例如，一个对数学感兴趣且擅长逻辑思考的学生，在数学作业中可能会得到鼓励和肯定，同时也会获得更深入的学习建议，以便进一步提升自己的数学能力。

个性化反馈可以帮助学生解决问题和改进学习方法。不同学生在学习中可能会面临各种各样的困惑和难题，个性化反馈能够根据学生的具体问题给予专门的指导和建议。例如，一个英语学习者可能在听力方面遇到困难，教师可以通过分析学生的听力练习结果，发现学生在理解口音或者词汇量方面存在问题，并有针对性地提供相应的训练建议。

个性化反馈可以激发学生的学习兴趣和动力。当学生感受到自己得到了重视和关注，他们会更加积极主动地参与学习。通过给予个性化的反馈，教师可以肯定学生的努力和进步，同时也能够为他们提供适合自己的学习任务和挑战，从而激发他们的学习兴趣和动力。

实施个性化反馈也需要收集和分析大量的学生数据，以了解每个学生的学习情况和需求。这需要教师投入更多的时间和精力，以及运用科技手段来支持数据的收集和分析。个性化反馈需要教师具备一定的专业知识和经验，能够准确判断学生的问题并给出有效的指导。因此，教师的专业发展和培训也是实施个性化反馈的重要保障。

（三）鼓励性反馈

鼓励性反馈是在给予学生评价和建议时，注重肯定学生的优点和进步，激发他们的积极性和动力。鼓励性反馈能够增强学生的自信心，培养他们的学习兴趣，从而提高学习效果和成绩。

鼓励性反馈可以帮助学生建立积极的学习态度和自信心。当学生感受到来自教师的认可和肯定时，他们会更加自信地面对学习任务和挑战。通过及时肯定学生的努力和进步，教师能够让学生相信自己的能力，从而提高他们的学习动力和积极性。

鼓励性反馈能够促进学生的成长和进步。通过肯定学生的优点和进步，教师可以让他们意识到自己的潜力和价值，并鼓励他们继续努力。这种积极的反馈可以激发学生的学习热情，使他们愿意承担更多的学习挑战，不断提升自己的能力。

鼓励性反馈可以培养学生的自主学习能力。通过赞扬学生在学习中展现出的独立思考、创造性解决问题等能力，教师可以激发学生的自主性和责任感。这种积极的反馈能够让学生愿意尝试新的学习方法和策略，培养他们自主学习的能力。

在给予鼓励性反馈时也需要注意，在进行鼓励性反馈时应该真实有效，不能简单地进行奖励或者空洞的称赞，而是要具体指出学生的优点和进步，并给予具体的肯定和鼓励。鼓励性反馈也应该是个性化的，根据学生的实际情况和需求进行调整，以使其更具针对性和可操作性。

第六章 基于技术支持的高职英语教学

第一节 技术支持在高职英语教学中的作用

技术支持是指利用现代化的教育技术手段为教育教学提供必要的支持和服务。在高职英语教学中，技术支持包括但不限于电子课件、多媒体设备、在线学习平台等。

随着科技的不断进步，技术支持在教育领域的作用日益凸显。在高职英语教学中，技术支持起着重要的作用。

一、学生学习效果的提升

（一）资源丰富

技术支持提供了大量的教学资源，如电子课本、录音材料、视频教程等。这些资源的丰富性为学生提供了更多的学习选择和途径，可以满足不同学生的学习需求和兴趣。

电子课本作为一种新的学习工具，能够以图文并茂的形式呈现内容。相比传统的纸质教材，电子课本更加生动直观，通过丰富的图片、动画和视频等元素，能够更好地展示知识点，使学习过程更加有趣和易于理解。电子课本还可以提供链接和交互功能，使学生可以更方便地查找相关资料，深入了解学习内容，并进行互动交流，促进学生间的合作学习。

录音材料和视频教程也是非常有益的学习资源。录音材料可以帮助学生更好地进行听力训练，提高语言表达能力。通过听取真实的语音和对话，学生可以更好地进行理解语言的使用和语境的应用，从而提升自己的口语和听力水平。而视频教程则可以通过图像和声音的结合，直观地展示实验、操作和技能的过程，有助于学生理解和掌握具体的操作步骤，提高实践能力。

（二）互动性增强

技术支持提供了各种互动学习工具，如在线讨论区、语音识别软件等。这些工具的应用使得学生可以更加方便地与教师和同学进行互动交流，共同解决问题，从而提高学习效果。

在线讨论区为学生提供了一个开放的平台，在这里他们可以与教师和同学分享自己的观点和想法，互相学习和启发。通过参与讨论，学生能够更深入地思考问题，并从多个角度去理解和解决问题。教师在讨论中充当引导者和指导者的角色，及时给予学生反馈和指导，促进学生的思维发展和知识掌握。

语音识别软件的使用可以提高学生的口语表达能力。通过录音并通过软件进行分析和纠正，学生可以了解自己的发音和语调存在的问题，并进行针对性的训练。语音识别软件还可以评估学生的语音准确度和流利程度，为学生提供有针对性的建议和改进方向。通过不断练习和反馈，学生的口语表达能力将得到显著的提升。

（三）学习自主性增强

技术支持为学生提供了自主学习的机会和平台。学生可以根据自己的学习进度和兴趣选择学习内容，并通过在线学习平台进行学习。这种学习方式有助于培养学生的自主学习能力和解决问题的能力，提高学习效果。

技术支持提供了在线学习平台，学生可以根据自己的学习进度和需求，在任何时间和地点进行学习。在线学习平台上提供了丰富的学习资源和工具，如电子课本、练习题、学习视频等，学生可以根据自己的需要选择适合自己的学习材料，并进行学习。这样的学习方式使学生不再受限于传统的课堂教学时间和地点，可以根据自己的情况进行灵活安排，提高学习效率。

自主学习的过程中，学生需要自己设定学习目标并制订学习计划。他们可以根据自己的兴趣和学习需求选择学习内容，深入研究感兴趣的领域，激发学习的动力。学生还可以根据自己的学习节奏和理解程度进行学习进度的安排，更好地掌握知识点和技能。

技术支持还提供了各种学习工具和辅助功能，帮助学生更好地进行自主学习。例如，学生可以通过在线讨论区与教师和同学进行互动交流，共同解决问题；通过语音识别软件进行口语训练和评估等。这些工具和功能为学生提供了更多的学习支持和反馈，有助于他们在自主学习中取得更好的成果。

二、教师教学效率的提升

（一）教学辅助工具

技术支持为教师提供了丰富的教学辅助工具，如电子白板、多媒体投影仪等。这些工具的应用可以大大提升教师的教学效率和教学质量。

电子白板是一种交互式的教学工具，可以将教师的书写内容实时显示在屏幕上，并通过触摸操作进行标注和修改。相比传统的黑板和粉笔，电子白板更加灵活方便，可以使用各种颜色和线条的笔迹，还可以添加图片、图表、动画等多媒体元素，使教学内容更加生动有趣。电子白板还可以与计算机、互联网等进行连接，教师可以随时检索相关资料，拓宽教学内容，提高教学质量。

多媒体投影仪能够将教师的教学内容以图像或视频的形式呈现给学生。教师可以利用多媒体投影仪展示教学课件、教学视频、模拟实验等，帮助学生更好地理解和记忆知识点。通过图文并茂的方式呈现教学内容，可以激发学生的学习兴趣和注意力，提高他们对知识的理解和记忆效果。多媒体投影仪还支持教师与学生之间的互动，教师可以利用触控屏幕或遥控器进行操作，让学生参与到教学中，增强互动性。

技术支持还提供了在线学习平台，教师可以利用该平台进行作业批改和成绩统计。通过在线提交作业，教师可以更加方便地对学生的作业进行批改和评价，及时给予反馈。同时，在线学习平台可以自动统计学生成绩，减少了教师手工计算成绩的工作量，提高了教学效率。

（二）个性化教学

技术支持为教师提供了个性化教学的机会。教师可以根据学生的不同水平和需求，利用在线学习平台进行个性化教学。这种教学方式有助于提高学生的学习效果和满足他们的学习需求。

通过在线学习平台，教师可以根据学生的不同水平和学习进度设置不同的课程内容和难度级别。例如，对于掌握较好的学生，可以提供更加深入和拓展的学习资料和挑战性任务，帮助他们进一步巩固和扩展知识；而对于理解较慢的学生，可以提供更加简化和详细的讲解，注重基础知识的理解和掌握。通过个性化的教学内容设置，教师能够更好地满足学生的学习需求，使每个学生都能够在适合自己的学习环境中发展和进步。

技术支持还提供了在线测试系统，教师可以通过对学生的学习进度进行实时监测，了解每个学生的学习情况并进行及时调整。通过定期或随堂的在线测试，教师可以了解学生对知识点的掌握程度和理解深度，发现学生的问题和困惑，并根据学生的表现调整教学内容和方法。这种个性化的监测和调整有助于确保每个学生都能够得到适当的支持和指导，提高学习效果。

（三）教学资源共享

技术支持为教师提供了教学资源共享的平台。教师可以通过在线学习平台分享自己的教学设计、教案、教学视频等资源，与其他教师进行交流和互动。这种资源共享有助于教师之间的合作和学习，提高教学质量和效果。

教学资源共享平台可以让教师将自己的优秀教学资源分享给其他教师。通过上传教案、教学设计和教学视频等，教师可以展示自己的教学经验和创新实践，让其他教师从中借鉴和学习。这种资源共享能够促进教师之间的交流和合作，激发创新思维，提高教学质量。教师们可以通过学习他人的优秀实践经验，不断改进自己的教学方法和策略，提升教学效果。

资源共享平台也为教师提供了获取丰富教学资源的途径。教师可以从平台上下载其他教师分享的教学资源，包括教案、课件、多媒体素材等，丰富自己的教学内容和工具。这些资源可以帮助教师更好地准备课堂，提供多样化的教学方法和教材选择，满足学生的不同学习需求。

教学资源共享平台还可以促进教师之间的互动和交流。教师们可以在平台上进行评论、留言和讨论，分享教学心得、提出问题、解答疑惑等。通过与其他教师的互动，教师们可以互相启发和借鉴，共同成长。教师们也可以通过平台建立专业社交网络，扩大自己的教学圈子，与更多的教育专家和同行进行交流，拓宽自己的教学视野。

第二节 多媒体教学资源的设计与应用

随着科技的不断进步，多媒体教学资源在高职英语教学中发挥着越来越重要的作用。

一、多媒体教学资源设计的原则

（一）教学目标导向

教学目标导向是设计多媒体教学资源的基本原则之一。在设计多媒体教学资源时，应以教学目标为导向，确保教学资源与教学目标的一致性，以提高教学效果和质量。

教学目标导向要求多媒体教学资源能够明确地反映出教学目标。教学目标是指教师期望学生在学习过程中所达到的预期结果。在设计多媒体教学资源时，需要根据具体的教学目标来选择和组织相应的教学内容和媒体元素。例如，如果教学目标是提高学生的听力理解能力，那么可以选择适当的听力材料，并配以相关的图片、图表等辅助信息，以便学生更好地理解和记忆。

教学目标导向要求多媒体教学资源能够帮助学生实现教学目标。教学资源设计应注重培养学生的核心能力和技能，使其能够在实际应用中运用所学知识。因此，在设计多媒体教学资源时，应注重提供实际案例和情境，引导学生进行思考和解决问题。例如，在教授写作技巧时，可以设计一个实际的写作任务，通过多媒体资源展示相关的范文和指导，帮助学生理解并应用所学的写作技巧。

教学目标导向还要求多媒体教学资源能够评估学生的学习成果。在设计多媒体教学资源时，可以设置一些互动环节或小测验，以便及时了解学生对所学内容的理解程度和掌握情况。根据学生的反馈和表现，可以调整教学策略和资源设计，进一步提高教学效果。

（二）学生参与性

多媒体教学资源应能够引起学生的兴趣和参与度，激发他们的学习动机，以提高学习效果和质量。

为了增加学生的兴趣和参与度，可以在多媒体教学资源中设置互动环节。通过设计问题、练习或任务，鼓励学生积极参与，思考和回答问题。例如，在教授英语词汇时，可以在多媒体教学资源中设置填空题或选择题，让学生积极参与，巩固所学的词汇知识。

游戏化设计也是提高学生参与性的有效方式之一。通过将教学内容融入游戏中，可以激发学生的竞争心理和求知欲，培养他们的主动学习积极性。例如，在教授英语语法时，可以设计语法挑战游戏，学生在游戏中解决各种语法问题，通过比赛或排名激发学生的积极性和参与度。

还可以利用多媒体教学资源的优势，创造真实情境和场景，以增加学生的参与感。通过展示真实的图片、视频或音频材料，让学生身临其境，体验语言的实际运用和交流。例如，在教授英语口语时，可以使用多媒体教学资源呈现真实的对话场景，并引导学生模仿和练习，增强他们的口语表达能力。

鼓励学生积极分享和合作也是提高学生参与性的重要手段。通过多媒体教学资源，可以鼓励学生在小组或全班中进行讨论和合作，分享自己的观点和经验。这不仅可以促进学生之间的互动和交流，还可以培养学生的合作精神和团队意识。

（三）多样性与灵活性

多媒体教学资源应包括多种形式的媒体元素，以满足不同学生的学习需求。同时，也应具有灵活性，方便教师根据教学需要进行调整和修改。

多媒体教学资源应包括多种形式的媒体元素，如图片、音频、视频等。不同学生具有不同的学习风格和偏好，因此在设计多媒体教学资源时，应尽量提供多样化的媒体元素，以满足不同学生的学习需求。一些学生更善于通过视觉方式学习，他们可以通过图片和图表更好地理解和记忆知识；而一些学生则更倾向于通过听觉方式学习，他们可以通过音频和视频材料提高听力和口语能力。因此，在设计多媒体教学资源时，应根据学生的学习特点和需求选择适当的媒体元素，以增强他们的学习效果。

多媒体教学资源应具有灵活性，方便教师根据教学需要进行调整和修改。教学是一个动态的过程，教师需要根据学生的反馈和教学效果进行调整和改进。

在设计多媒体教学资源时，应考虑到其可编辑和可更新的特点。教师可以根据实际情况对教学资源进行修改和调整，以适应不同学生的需求和教学进度。也可以根据学生的学习反馈来完善和改进教学资源，提高教学效果和质量。

多媒体教学资源的灵活性还表现在其可适应不同的教学环境和条件。不同学校和教室可能拥有不同的技术设备和网络环境。在设计多媒体教学资源时，需要考虑到这些实际条件，选择合适的媒体格式和文件大小，以确保教学资源能够在不同环境下流畅地展示和使用。同时也要注意兼容性，确保教学资源能够在不同的设备和平台上进行播放和操作。

（四）清晰简洁

在设计多媒体教学资源时，应注重信息的传达效果，避免过多的干扰和冗余信息。内容应简明，语言表达清晰准确，以提高学生的理解和接受能力。

多媒体教学资源的内容应简明。在设计过程中，应根据教学目标和学生的学习需求，选择关键和核心的内容进行呈现。避免在教学资源中加入大量无关或次要的信息，以免分散学生的注意力和对内容的理解。同时，也要避免信息过载，使学生能够更好地专注于所学知识的掌握和理解。

语言表达应清晰准确。多媒体教学资源中的文字、语音和图像等表达方式都需要具备清晰准确的特点。文字表达应简洁明了，避免使用复杂和难懂的词汇和句子结构。语音表达要清晰流畅，语速适中，发音准确，以确保学生能够听懂并理解所传达的信息。图像和图表的设计应简洁明了，避免过于复杂和混乱，以方便学生快速理解所呈现的信息。

多媒体教学资源的布局和设计也需要简洁明了。在设计页面或幻灯片时，要避免过多的文字和图像堆砌，保持页面整洁和清晰。合理安排内容的顺序和层次，使用适当的标题和分段，以帮助学生更好地理解和记忆所学内容。同时，也要注意字体的选择和文字的大小，确保文字清晰可读，不影响学生的视觉感受和阅读体验。

最后，多媒体教学资源的设计应考虑到学生的接受能力。学生的认知和理解能力有限，对信息的处理和吸收也有一定的局限性。因此，在设计多媒体教学资源时，要尽量避免过度复杂和抽象的表达方式，以提高学生的理解和接受能力。可以通过使用具体的例子、实际案例和图像等方式，帮助学生更好地理解和记忆所学内容。

二、多媒体教学资源的应用

（一）图片与图表

多媒体教学资源的应用之一是通过插入适当的图片和图表来帮助学生更直观地理解和记忆课程内容。在英语口语教学中，使用图片和图表可以起到很好的辅助作用，使学生更好地掌握口语技巧。

使用图片可以提供真实的场景和情境，让学生在视觉上更直观地理解口语表达方式。例如，在教授旅行口语时，可以使用图片展示各种旅行场景，如机场、酒店、景点等，以便学生能够更清楚地了解并记忆相关的口语表达。通过观看图片，学生可以形成对不同场景的印象，并与所学的口语表达相联系，提高口语实际运用的能力。

使用图表可以帮助学生更系统地整理和理解口语表达方式。在教授口语语法或句型时，可以使用图表展示不同句子结构的变化规律，以及相应的意义和用法。通过观察和分析图表，学生可以更好地理解句子结构的组成和变化规律，从而掌握口语表达的灵活运用。

还可以利用图片和图表的比较和对比功能，帮助学生更好地理解口语表达的差异和区别。例如，在教授英语口音时，可以使用不同国家或地区的发音图表，让学生比较不同口音的特点和区别。通过观察和分析图表，学生可以更深入地了解不同口音的发音规律，提高自己的口音准确性和流利度。

使用图片和图表还可以激发学生的兴趣和参与度。多媒体教学资源的视觉效果能够吸引学生的注意力，增加他们的学习兴趣和积极性。同时，结合互动环节，让学生通过观察和分析图片、图表等回答问题或讨论，可以提高学生的参与度和学习效果。

（二）音频与视频

音频与视频是多媒体教学资源中的重要组成部分，通过播放相关的音频和视频材料，可以提供真实语境和模拟练习，有效增强学生的听力和口语能力。

音频材料可以帮助学生提高听力理解能力。在教授英语听力时，可以使用录音素材模拟不同场景下的对话或演讲，并配以相应的听力题目。学生通过聆听音频材料并回答问题，可以锻炼他们的听力辨析能力、抓住关键信息的能力以及推测上下文的能力。通过反复练习，学生能够逐渐提高自己的听力水平，更好地应对各类听力考试和实际交流情境。

视频材料可以提供真实的语言环境和口语表达样例。在教授英语口语时，可以使用视频素材来展示真实的口语对话或演讲，让学生通过观察和模仿，提高自己的口语表达能力。视频中的语音、语调、肢体语言等都可以成为学生学习口语的参考对象，帮助他们更准确地掌握语言的发音、语速、语流和表达方式。

音频和视频材料还可以提供丰富的语言输入和模拟练习机会。通过播放真实的英语对话、讲座或演讲等，学生可以接触更多的语言材料，丰富自己的语言输入。教师可以设置相应的练习题目，让学生通过观看和听取音频或视频材料进行模拟练习，提高自己的口语表达能力。例如，在教授英语口语对话时，可以使用视频材料展示不同场景下的对话，并要求学生模仿并进行角色扮演，以提升他们的口语交际能力。

音频和视频材料的应用可以使学习更具趣味性和参与度。音频和视频资源的视听效果能够吸引学生的注意力，增加他们的学习兴趣和积极性。同时，结合互动环节，如问题解答、小组讨论等，可以促进学生的参与度和合作精神，提高学习效果。

（三）动画与互动

通过运用动画和互动元素，可以增加教学内容的趣味性和参与度，提高学生的学习效果。

动画可以通过图像的连续变化和动作展示，将抽象的概念转化为形象的表达。在教授英语语法时，可以使用动画来呈现语法规则的具体运用和实际例子。例如，在教学过程中，可以设计一个动画场景，通过动画角色的对话和动作展示不同语法结构的用法和意义。这样学生可以更直观地理解和记忆语法知识，并将其应用到实际的语言交流中。

互动元素可以通过设置问题、选择答案或完成任务等方式，激发学生的主动参与和思考。在教授英语语法时，可以设计互动游戏，让学生通过操作选择正确的语法结构或完成相关的语法任务。通过参与游戏和互动，学生能够积极思考和运用所学的语法知识，巩固自己的学习成果。互动还可以促进学生之间的合作和竞争，增强学习的趣味性和参与度。

动画和互动的运用可以提供反馈和纠错的机会。在设计互动环节时，可以设置即时反馈或自动纠错功能，帮助学生及时发现和纠正自己的错误。例如，在互动游戏中，如果学生选择了错误的答案，系统可以给出相应的提示或解释，并引导学生重新思考和选择。通过这种方式，学生能够及时纠正错误，加深对语法知识的理解和掌握。

最后，动画和互动的应用可以激发学生的学习兴趣和积极性。多媒体教学资源的视觉效果和互动设计能够吸引学生的注意力，增加他们的学习兴趣和投入程度。学生通过与动画和互动元素的互动，能够更好地参与到学习过程中，提高学习效果。

三、多媒体教学资源设计的注意事项

（一）适应教学需求

多媒体教学资源的设计需要注意适应教学需求，考虑到不同教学阶段和学生水平的需求，并根据实际情况进行调整和优化。

要充分了解教学目标和教学内容。在设计多媒体教学资源之前，教师应对教学目标有清晰的认识，并明确所要传达的核心知识和技能。只有了解教学目标和教学内容，才能更好地选择和组织相应的媒体元素和教学策略。

要考虑学生的学习特点和水平。不同教学阶段和学生群体具有不同的学习特点和水平，在设计多媒体教学资源时，需要针对不同学生的需求进行个性化调整。例如，对于初学者来说，可以选择简单明了的图像、音频和视频材料，以帮助他们更好地理解和记忆知识；而对于高水平的学生，可以使用更复杂和深入的内容，以挑战他们的思维和分析能力。

设计多媒体教学资源时要注重实用性和可持续性。教学资源应具有一定的实用性，能够帮助学生实现教学目标，并提高他们的学习效果。同时，教学资源还应具有可持续性，能够根据实际教学情况进行调整和优化。教师可以根据学生的反馈和教学效果来调整和改进教学资源，以更好地满足教学需求。

（二）合理选择媒体元素

在设计多媒体教学资源时，需要合理选择和运用各种媒体元素，以确保信息传达的准确性和效果，并避免过多的信息和干扰因素。

要根据教学目标和教学内容来选择适当的媒体元素。不同的教学目标和内容可能需要不同的媒体形式来进行展示和说明。例如，在教授科学实验时，可以使用视频或动画来模拟实验过程并展示实验结果；而在教授文学作品时，可以使用音频来播放相关的音乐或朗读，以帮助学生更好地理解文学作品的情感和内涵。因此，教师需要根据具体的教学需求来选择合适的媒体元素。

要注意信息的准确性和清晰度。多媒体教学资源中的文字、图像、音频和视频等媒体元素都需要准确地传达所要表达的信息。文字应简洁明了，语言表达清晰准确；图像应具有清晰度和质量，能够直观地呈现所要表达的内容；音频和视频也应具备良好的声音和图像质量，以确保学生能够清晰地听到或看到所传达的信息。教师在选择和使用媒体元素时要仔细筛选和编辑，确保其准确性和清晰度。

还要注意避免过多的信息和干扰因素。在设计多媒体教学资源时，应抓住核心和重点内容，避免在教学资源中加入大量无关或次要的信息。过多的信息可能会分散学生的注意力，并降低他们的理解和接受能力。还要注意避免干扰因素，如过于复杂或花哨的动画效果、音效等，以免影响学生对内容的关注和理解。简洁明了的设计风格和媒体元素可以更好地服务于教学目标的实现。

最后，要根据实际教学环境和设备条件来选择合适的媒体元素。不同学校和教室可能拥有不同的技术设备和网络环境。在设计多媒体教学资源时，需要考虑到这些实际条件，并选择适合的媒体格式和文件大小，以确保教学资源能够在不同环境下流畅地展示和使用。

（三）考虑技术设备和网络环境

在设计和应用多媒体教学资源时，需要考虑学校的技术设备和网络环境是否能够支持。如果条件有限，教师可以选择较为简洁和易操作的教学资源，以确保教学活动的顺利进行。

了解学校的技术设备和硬件条件是很重要的。不同学校可能拥有不同的技术设备，如电脑、投影仪、音响设备等。在设计多媒体教学资源之前，教师应该了解学校所提供的设备类型和功能，以确保教学资源的兼容性和可用性。对于一些基础设施较为落后的学校，可以选择更简单的教学资源形式，如课件或视频演示等，以适应当前的硬件条件。

网络环境也是需要考虑的因素。在使用多媒体教学资源时，特别是在线资源或云端应用时，需要保证学校的网络环境稳定和流畅。如果网络速度较慢或不稳定，可能会导致教学资源的加载缓慢或中断，影响教学效果。在这种情况下，教师可以选择将教学资源下载到本地设备上进行播放，或者选择离线教学资源，以确保教学活动的顺利进行。

还可以考虑使用一些离线应用和工具。有些多媒体教学资源可以下载到本地设备上，并脱离网络环境进行播放。这样可以避免对网络的依赖，提高教学活动的稳定性和可靠性。也可以使用一些离线工具和软件来制作和展示教学资源，如离线课件、视频播放器等。

最后，教师还可以与学校的技术支持人员进行沟通和合作。如果遇到技术设备或网络环境上的问题，可以寻求技术支持人员的帮助和指导。他们可以提供相应的解决方案和建议，以确保教学资源的有效应用。

（四）配合教师指导

多媒体教学资源在教学中起到辅助的作用，但教师仍然扮演着重要的指导者角色。在设计和使用多媒体教学资源时，与教师的密切配合是至关重要的，以确保教学效果的最大化。

教师在设计多媒体教学资源时应考虑到自身的教学风格和教学目标。多媒体教学资源应根据教师的教学理念和教学方式进行设计，以充分发挥教师的特长和优势。教师可以根据自己的经验和专业知识，选择和编排适合自己教学内容的媒体元素，并将其融入教学过程中。

教师需要对多媒体教学资源进行评估和筛选。在使用多媒体教学资源之前，教师应对其进行全面的评估和筛选，确保其符合教学需求和教学目标。教师可以从内容的准确性、信息的清晰度、媒体元素的质量等方面对多媒体教学资源进行评估，以保证教学资源的有效性和可靠性。

教师还应对多媒体教学资源进行合理的安排和使用。在教学过程中，教师应根据教学进度和学生的学习情况，灵活地选择和运用多媒体教学资源。教师可以将多媒体教学资源作为课堂的一部分，与其他教学方法和活动相结合，以提高学生的学习效果和参与度。同时，教师还可以通过引导和解释，帮助学生更好地理解和应用多媒体教学资源所呈现的内容。

教师需要对多媒体教学资源进行改进。教师应根据学生的反馈和教学效果，对多媒体教学资源进行反思和评估，以不断改进和优化教学设计。教师可以与同事、学生或专业团队进行交流和分享，共同探讨如何更好地利用多媒体教学资源来提升教学效果。

第三节 在线学习平台的建设与运用

随着信息技术的不断发展，网络教育正逐渐成为高职英语教学的重要组成部分。在线学习平台的建设与运用可以有效地提升学生的学习效果和教学质量。

一、在线学习平台的建设

（一）选择适合的平台

选择适合高职英语教学的在线学习平台是非常重要的。在众多平台中，可以选择一些功能全面、界面友好、操作简单的平台来满足教学需求。以下是两个值得考虑的在线学习平台：

1.Moodle

Moodle 是一个开源的在线学习平台，具有丰富的功能和强大的扩展性。它提供了各种教学工具，如论坛、作业提交、在线测验等，可以满足高职英语教学的各种需求。Moodle 还支持多媒体内容的上传和播放，可以方便地分享教学资源。该平台的界面友好，易于导航和使用，使学生和教师能够轻松地参与到学习和教学中。Moodle 还提供了强大的统计和报告功能，可以对学生的学习情况进行跟踪和评估。

2.Blackboard

Blackboard 是一个广泛应用于教育领域的在线学习平台。它提供了丰富的教学工具，如讨论板、在线测试等，可以促进学生的互动和参与。Blackboard 还支持视频会议和在线沟通工具，方便教师和学生之间的交流和讨论。该平台还具有移动学习功能，可以在不同设备上进行学习和教学。Blackboard 的界面简洁明了，操作简单易懂，适合不熟悉技术的教师和学生使用。

选择适合的在线学习平台需要考虑到教学需求和用户群体的特点。除了功能全面和界面友好外，还应关注平台的稳定性和安全性。了解平台的培训和支持服务也很重要，以便教师和学生能够充分利用平台的功能。

（二）整合教学资源

在高职英语教学中，将课件、教材、试题、习题等教学资源整合到在线学习平台中是十分重要的。这样做可以方便学生进行学习，并提供更多的练习和测试机会。以下是一些方法和建议：

1.电子化教材

将教材内容转化为电子版，并上传到在线学习平台上。这样学生可以随时随地访问教材，不再受限于纸质版本。电子化教材可以提供更多的互动功能，如链接到相关网站、添加多媒体元素等，使学习过程更加丰富多样。

2.课件上传

将课堂使用的课件上传到平台上，学生可以在课后回顾和复习。平台支持的多媒体格式可以帮助教师更好地展示教学内容，提升学生的理解和记忆效果。教师还可以在课件中添加注释和解释，帮助学生更好地理解和掌握知识点。

3.练习和测试

在平台上提供各种类型的练习和测试，包括选择题、填空题、阅读理解等。

这样学生可以通过自主学习和自我评估来巩固和提升英语水平。平台可以根据学生的答题情况自动给出反馈和评分，帮助学生及时发现和纠正错误。

4. 多样化资源

除了教材和课件，还可以整合其他学习资源到在线学习平台中，如相关视频、音频、网页链接等。这些资源可以丰富学生的学习体验，提供更多的学习途径和资料来源。同时，学生也可以通过平台上的讨论板或社交功能与其他学生进行交流和分享学习心得。

整合教学资源到在线学习平台中不仅方便学生学习，也提供了更多的学习机会和资源选择。教师可以根据学生的学习进度和需求，灵活地调整和提供不同类型的教学资源，以满足学生的学习需求。

（三）设计学习活动

在高职英语教学中，设计一系列的学习活动是十分重要的。在线学习平台可以为学生提供多样化的学习方式和机会，并根据教学目标和学生需求进行个性化设计。以下是一些建议：

1. 观看视频

选择与教学内容相关的英语学习视频，让学生通过观看来提升听力和口语能力。可以选择一些生动有趣的视频，激发学生的兴趣和学习动力。视频可以配有字幕和词汇解释，帮助学生更好地理解和掌握内容。

2. 阅读文章

选择适合学生水平的英语阅读材料，如新闻、科普文章等。可以结合课堂教学内容，让学生通过阅读来扩展词汇量和提高阅读理解能力。在平台上提供相关练习，如填空、判断正误等，帮助学生巩固所学知识。

3. 听力训练

提供各种类型的听力材料，如录音、对话、演讲等。可以通过平台上的听力练习来提高学生的听力技巧和理解能力。练习可以包括听后回答问题、听后填空、听后复述等，帮助学生培养听力注意力和记忆能力。

4. 口语练习

通过在线学习平台提供口语练习的机会。可以设计一些对话任务、角色扮演等活动，让学生在虚拟环境中进行口语练习。平台可以支持录音和评估功能，教师可以根据学生的口语表达情况给予反馈和建议。

5. 互动讨论

通过在线学习平台的讨论板或社交功能，创建学生之间的互动和交流。可以设计一些主题讨论、小组合作等活动，鼓励学生积极参与和分享观点。教师可以起到引导和促进学生讨论的作用，提供及时的反馈和指导。

通过设计多样化的学习活动，学生可以按照自己的学习进度和时间进行学习，提高学习效率和效果。在线学习平台可以提供丰富的学习资源和工具，帮助学生更好地掌握英语知识和技能。教师也可以根据学生的学习情况进行个性化辅导和指导。

（四）提供互动交流机会

为了促进教师与学生之间的互动和交流，在线学习平台应该提供一些互动交流的机会。

1. 讨论区

在平台上设置专门的讨论区，供学生提问、分享观点和互相讨论。学生可以在讨论区中提出疑问，教师可以及时回复，解决学生的困惑。讨论区还可以用于学生之间的互动和合作，鼓励学生分享经验和解决问题。

2. 在线答疑

为学生提供在线答疑的机会，让他们能够随时向教师请教和寻求帮助。可以设置一个特定的时间段，教师在此期间在线回答学生的问题。这样学生可以根据自己的学习进度和需求来提问，教师也能够及时给予反馈和指导。

3. 在线作业提交和批改

通过平台上的作业提交功能，学生可以将作业上传到平台上，教师可以及时批改并给予反馈。这样学生可以得到具体的评估和建议，进一步提升自己的学习水平。教师可以利用在线批改工具快速批改作业，节省时间和精力。

4. 社交互动

在平台中设置社交功能，如私信、好友列表等，让学生之间能够进行互动和交流。学生可以互相分享学习心得、资源推荐等，并且建立起学习社群和网络支持系统。

通过提供互动交流的机会，教师和学生之间可以更好地沟通和合作，促进学习效果的提升。在线学习平台应该具备易于使用和导航的界面，方便学生和教师的互动操作。同时，教师也需要积极参与和回应学生的问题和需求，以激发学生的学习热情和动力。

（五）监控学习情况

在线学习平台应该具备监控学生学习情况的功能，以帮助教师更好地了解学生的学习进度和表现，并进行个性化指导和评估。

1. 学习进度跟踪

平台可以记录学生的学习活动和进度，包括登录次数、访问时间、课件浏览等。这样教师可以了解学生的学习频率和时间分配，判断学生是否按时完成学习任务，及时提醒和干预。

2. 作业提交和批改

平台可以记录学生的作业提交情况，并提供批改和反馈的功能。教师可以查看学生的作业，给予具体的评分和建议。通过作业批改的数据，教师可以了解学生的学习水平和问题，有针对性地进行辅导和指导。

3. 答题情况分析

平台可以记录学生在在线测试和练习中的答题情况，包括正确率、用时等。教师可以通过这些数据分析学生的知识掌握情况和学习态度，找出学生的薄弱环节，有针对性地进行复习和巩固。

4. 学习资源使用统计

平台可以统计学生对不同学习资源的使用情况，如课件浏览次数、视频观看时长等。教师可以通过这些数据了解学生对不同资源的关注度和偏好，进一步优化教学内容和方式。

5. 学生成绩报告

平台可以生成学生成绩报告，包括各项考试成绩、作业得分等。教师可以查看学生的综合表现，并与学生进行评估和反馈。学生成绩报告也可以供家长参考和了解学生的学习状况。

通过监控学生的学习情况，教师可以更加了解学生的学习状态和问题，及时给予指导和帮助。同时，教师还可以根据学生的学习情况调整教学策略和资源，提供个性化的辅导和支持。然而，在收集和使用学生数据时，保护学生隐私和数据安全也是非常重要的。

二、在线学习平台的运用

（一）结合课堂教学

在线学习平台可以与课堂教学相结合，为学生提供更全面和灵活的学习体验。

1. 引导学生使用平台资源

在课堂上，教师可以介绍在线学习平台，并向学生展示其中的学习资源和功能。教师可以指导学生如何登录、浏览课件、参与讨论等。通过演示和实践，帮助学生熟悉平台的使用方法。

2. 拓展学习内容

教师可以将平台上的学习资源作为课堂教学的补充和延伸。例如，教师可以在课堂上引用平台上的视频或文章，进行相关讲解和讨论。这样能够增加学生对知识的理解和记忆，激发学生的学习兴趣。

3. 设计互动活动

教师可以在课堂上设计一些与在线学习平台相关的互动活动。例如，组织小组讨论，要求学生根据平台上的资源或话题进行讨论和分享。这样可以促进学生之间的交流和合作，加深对学习内容的理解和应用。

4. 课后延伸学习

教师可以在课堂上布置一些与平台相关的作业或练习，要求学生在课后进行自主学习和巩固。学生可以利用平台上的资源进行进一步的学习，完成作业或练习题。教师可以在平台上查看学生的完成情况，并给予相应的反馈和指导。

5. 教学辅助工具

在线学习平台还可以作为教师的教学辅助工具。教师可以在平台上上传和分享课件、教案等教学资源，方便学生在课堂上进行参考和复习。同时，教师还可以利用平台上的在线测试和测验功能，对学生的学习效果进行评估和调整教学策略。

通过将在线学习平台与课堂教学相结合，教师能够更好地引导和促进学生的学习过程。学生可以在课堂上获取相关的学习资源和活动安排，同时也可以在课后通过平台进行深入学习和练习。这种结合能够提高学生的学习效果和参与度，促进知识的掌握和应用。

（二）提供个性化指导

在线学习平台的监控功能可以帮助教师更好地了解学生的学习情况，从而提供个性化的指导和辅导。

1. 学习进度跟踪

通过平台上的学习进度记录，教师可以了解学生的学习进展和速度。如果发现学生进度落后或迅速完成，教师可以根据情况给予相应的指导和调整。例如，对于落后的学生可以提供额外的辅导资料或安排补习课程；对于快速完成的学生，可以提供进一步挑战性的学习任务。

2. 答题情况分析

通过平台上的答题情况分析，教师可以了解学生在不同知识点上的掌握情况。教师可以针对学生的错误或疑惑进行解答，并给予相应的建议和指导。教师可以利用平台上的反馈工具，给学生详细地解释和示范，帮助他们理解和掌握正确的知识和技能。

3. 作业批改和评价

通过平台上的作业批改功能，教师可以及时查看学生的作业，给予详细的批改和评价。教师可以针对学生的错误或不足之处提供具体的指导和建议，帮助学生改进和提高。同时，可以鼓励学生通过平台上的反馈工具向教师提问，进一步澄清问题和加深理解。

4. 学生成绩分析

通过平台上的学生成绩分析，教师可以了解学生在不同知识领域上的表现。教师可以根据学生的成绩情况进行分类和分组，并针对不同群体提供个性化的辅导和支持。教师可以通过线上会议或一对一辅导等方式与学生进行互动，解答疑惑并提供进一步的指导。

5. 学习计划制订

根据学生的学习情况和目标，教师可以为每位学生制订个性化的学习计划。可以利用在线学习平台的日历和提醒功能，帮助学生规划学习时间和任务，并进行有效的时间管理。教师可以定期与学生进行讨论和反馈，调整学习计划以适应学生的需求和进展。

通过提供个性化的指导和辅导，教师能够更好地满足学生的学习需求。在线学习平台的监控功能为教师提供了丰富的数据和信息，可以作为个性化指导的依据。

（三）促进学生交流与合作

通过在线学习平台的讨论区等功能，教师可以促进学生之间的交流与合作，提高学生的学习效果和团队合作能力。

1. 互相评价和反馈

教师可以要求学生在平台上进行互相评价和反馈。例如，在小组合作项目完成后，要求学生对其他小组的成果进行评价，并提供具体的反馈和建议。这样可以促进学生之间的互动和交流，同时也能够提高学生的批判性思维和评价能力。

2. 资源共享

平台上可以设置资源共享区，学生可以分享自己找到的学习资源、学习心得等。这样可以促进学生之间的互相帮助和学习经验的交流。教师也可以在平台上分享一些有用的学习资源，为学生提供更多的学习资料和参考。

3. 虚拟辅导与讨论会

教师可以利用在线学习平台的虚拟辅导和讨论会功能，进行实时的线上讨论和指导。可以设定特定时间段，与学生进行面对面的讨论和互动。通过视频会议或在线聊天工具，教师和学生可以进行实时的交流和问题解答，增强学生对知识的理解和应用能力。

通过鼓励学生之间的交流与合作，教师可以培养学生的团队合作能力、沟通技巧和解决问题的能力。同时，学生之间的交流和互助也可以促进彼此的学习和思考。

第七章 高职英语教学质量保障机制

第一节 高职英语教学质量评估的重要性

高职英语教学质量评估是指对高职院校英语教学过程和效果进行全面、客观、科学的评价，以提升教学质量和学生学习成效。随着高等教育改革的不断深入和高职教育的快速发展，高职英语教学质量评估越来越受到重视。

一、提升教学质量

（一）发现问题和不足

高职英语教学质量评估通过对教学过程和学习结果的评估，能够帮助学校和教师及时发现教学中存在的问题和不足，从而提升教学质量。评估结果能够揭示教学环节中存在的薄弱点、学生学习困难以及教学资源的不足，为教师提供有针对性的改进措施和教学设计。

高职英语教学质量评估可以发现教学过程中存在的问题和不足。教师在教学过程中可能会面临教材选择、教学方法和教学资源等方面的挑战。通过评估，可以全面了解教学过程中的问题，如是否存在信息传递不清晰、教学内容与实际应用脱节等情况。评估结果能够揭示教学环节中的薄弱点，为教师提供改进的方向和具体的改进措施。

高职英语教学质量评估能够发现学生在学习过程遇到的困难和问题。学生在学习英语过程中可能遇到各种困难，如语法理解、词汇记忆和口语表达等方面的问题。通过评估，可以了解学生在各个语言技能方面的表现，如听、说、读、写等。评估结果能够揭示学生学习的瓶颈和困难，为教师提供有针对性的帮助和指导，以促进学生的学习效果。

高职英语教学质量评估还能够发现教学资源的不足。教学资源包括教材、多媒体设备和实验器材等。评估过程中可以评估教学资源的充足性和适用性，发现是否存在教材内容陈旧、设备损坏或过时等情况。评估结果能够揭示出教学资源的短缺和需要改进的地方，为学校提供改善教学条件的依据。

（二）优化教学设计和方法

通过高职英语教学质量评估，教师能够了解自己的教学方法和教学设计是否有效，是否符合学生的学习需求。评估结果可以为教师提供反馈信息，帮助他们优化教学设计、调整教学方法，以便更好地满足学生的学习需求，提高教学效果。

评估结果可以帮助教师了解自己的教学方法是否有效。教师在教学过程中使用的教学方法可能存在一定的局限性或不适应某些学生的学习方式。通过评估教师可以收集学生对不同教学方法的反馈和意见，了解哪些教学方法对学生更具有效性。基于评估结果，教师可以调整自己的教学方法，采用更加适合学生的教学策略，提高教学效果。

评估结果可以帮助教师优化教学设计。教学设计是教师为达成教学目标所制订的教学计划和安排。通过评估，教师可以了解教学设计中可能存在的问题，如教学内容的选择、难度的设置等。评估结果能够揭示出教学设计的不足之处，为教师提供改进的方向和具体的建议。教师可以根据评估结果进行调整和优化教学设计，使其更加符合学生的学习需求和教学目标，提高教学效果。

评估结果也可以为教师提供教学方法和教学设计的创新思路。通过评估，教师可以了解其他教师在相同领域的教学方法和教学设计，从中获取灵感和启发。评估结果能够揭示出其他教师的成功经验和创新做法，为教师提供借鉴和参考，激发他们对教学方法和教学设计的创新意识。教师可以结合自己的实际情况，尝试新的教学方法和教学设计，以提高教学效果和满足学生的学习需求。

（三）激发学生的学习动力

高职英语教学质量评估不仅关注教师的教学，也着眼于学生的学习效果。评估结果可以向学生展示他们的学习成绩和进步情况。评估是一种客观、科学的评价方式，评估结果能够告诉学生他们在哪些方面取得了好的成绩，并给予肯定和鼓励。这种正面的反馈能够激发学生的学习动力，增强他们对英语学习的信心和兴趣，从而更加积极地投入学习。

评估结果可以为学生提供有针对性的反馈和指导。通过评估，学生可以了解自己在学习过程中存在的问题和不足之处。评估结果能够指出学生在语法、词汇、口语表达等方面的薄弱点，并提供具体的改进建议和学习方法。学生可以根据评估结果进行有针对性的学习调整，针对自身的问题进行重点突破，提高学习效果。这种个性化的反馈和指导能够激发学生主动学习的动力，促使他们更加积极地参与学习。

评估结果也可以为学生设立学习目标和规划提供参考。通过评估，学生可以了解自己与目标之间的差距，明确自己需要努力提升的方向和目标。评估结果能够帮助学生制订合理的学习计划和时间安排，以便更好地实现自己的学习目标。这种明确的目标和规划能够激发学生的学习动力，让他们更加有目标地投入到学习中，提高学习效果。

（四）建立教师专业发展机制

高职英语教学质量评估可以为教师的专业发展提供参考和指导。通过高职英语教学质量评估，学校可以了解教师的教学水平和教学能力。评估结果可以反映出教师在教学设计、教学方法和教学效果等方面的表现。学校可以根据评估结果，为教师提供相应的培训和进修机会，帮助他们提高教学水平，更新教育教学理念，并掌握先进的教学技能和方法。这种专业发展的支持和指导可以帮助教师更好地适应教学需求和提高教学质量。

评估结果可以为教师的职称评定和晋升提供客观依据。高职英语教学质量评估能够全面了解教师在教学方面的表现和成就。评估结果可以作为评定教师职称和晋升的参考依据，为教师的职业发展提供公正、客观的评价。这种评价机制能够激励教师在教学质量上不断追求卓越，促使他们持续提升自己的教学能力和专业水平。

评估结果还可以为教师提供专业发展规划和指导。通过评估，学校可以与教师进行沟通，了解他们的专业需求和发展目标。学校可以根据评估结果和教师需求，为教师制订个性化的专业发展计划，并提供相应的培训和支持。这种个性化的专业发展规划和指导可以帮助教师更好地规划自己的教学发展道路，实现个人职业目标。

二、适应社会需求

（一）关注职业能力培养

高职英语教学质量评估不仅关注学生的英语语言能力，还注重培养学生的职业能力。通过评估可以了解学生在职业领域所需的语言技能、沟通能力和跨文化交流能力等方面的表现。评估结果可以为学校提供信息，以便调整教学目标和教学内容，更好地满足社会对高职英语人才的需求。

高职英语教学质量评估关注学生的职业能力培养。除了英语语言能力的培养，评估还将重点关注学生在实际职业环境中应用英语的能力。例如，评估结果可以反映学生在工作场景下的口语表达能力、书面沟通能力以及团队合作能力等。通过评估结果，学校可以了解学生在职业能力方面的优势和不足，并相应调整教学目标和教学方法，以培养适应社会需求的高职英语人才。

评估结果可以为学校提供有针对性的信息，以便调整教学目标和教学内容。随着社会的不断发展和变化，对高职英语人才的需求也在不断调整。评估结果可以反映出当前社会对高职英语人才所需的特定技能和能力。学校可以根据评估结果，及时调整教学目标和教学内容，以确保教育培养的学生能够满足社会的需求。例如，如果评估结果显示学生在跨文化交流方面存在不足，学校可以加强相关教学内容，提升学生的跨文化交流能力。

高职英语教学质量评估还可以与企业和行业进行合作，以便更好地适应社会需求。评估结果可以为学校提供与企业和行业的沟通和合作的基础。通过与企业和行业的合作，学校可以了解实际工作环境中对英语能力的要求和期望，进一步优化教学目标和教学方法。与企业和行业的合作也可以为学生提供实践机会和就业支持，帮助他们更好地适应职业发展需要。

（二）关注行业需求和技术发展

高职英语教学质量评估应关注行业需求和技术发展趋势。评估结果可以反映出英语教学是否与行业需求相匹配，学生是否具备与时俱进的专业知识和技能。通过评估，学校可以及时了解行业对英语人才的要求和技术发展的新趋势，调整教学目标和内容，培养与市场需求相符合的高素质英语人才。

高职英语教学质量评估应关注行业需求。不同行业对英语人才的需求有所差异，评估结果可以帮助学校了解不同行业对英语人才的要求和期望。通过评估结果，学校可以了解哪些领域对英语人才的需求较为紧缺，哪些技能和能力是当前行业所重视的。基于评估结果，学校可以调整教学目标和内容，加强相关领域的教学，培养适应各行业需求的英语人才。

高职英语教学质量评估应关注技术发展趋势。随着科技的不断进步和社会的快速发展，各行各业都在不断引入新的技术和工具。评估结果可以反映学生对于新技术和工具的掌握程度，以及其在英语教学中的应用能力。通过评估，学校可以了解学生是否具备与时俱进的专业知识和技能，是否能够适应技术发展的需求。学校可以根据评估结果，调整教学目标和内容，注重培养学生的技术应用能力和创新意识，以培养适应科技发展的英语人才。

高职英语教学质量评估还可以与行业和企业进行合作，更好地关注行业需求和技术发展。通过与行业和企业的合作，学校可以了解实际工作环境中对英语人才的要求和技术发展的新趋势。同时，行业和企业的参与也可以为学生提供实践机会和就业支持，让他们更好地了解行业需求和技术发展，并为未来的职业发展做好准备。

（三）提供招聘和选拔参考

高职英语教学质量评估结果可以为用人单位提供招聘和选拔的参考依据。

高职英语教学质量评估能够客观地反映学生的英语能力。评估过程中，学生接受针对英语听、说、读、写等方面的测试和考核。评估结果能够反映学生在不同语言技能上的表现，从而帮助用人单位了解应聘者的英语能力水平。用人单位可以根据评估结果判断应聘者是否具备所需的英语能力，是否符合岗位要求。

高职英语教学质量评估能够反映学生的综合素质。评估不仅关注学生的英语语言能力，还包括学生的沟通能力、团队合作能力、跨文化交流能力等方面的评估。这些综合素质对于很多职业都至关重要。评估结果能够帮助用人单位了解应聘者的综合素质，判断其在工作中是否具备良好的沟通能力、团队合作能力和跨文化交流能力等，从而选择适合岗位需求的英语人才。

高职英语教学质量评估还可以为用人单位提供参考，选择适合岗位需求的英语人才。评估结果能够让用人单位更加准确地了解应聘者的实际水平和潜力，从而更好地匹配岗位需求。用人单位可以根据评估结果制订招聘标准和选拔流程，将评估结果作为参考依据，筛选出符合要求的英语人才，提高招聘的准确性和效率。

（四）推动教育部门政策制定

高职英语教学质量评估结果可以为教育部门制定政策和改革方案提供参考。评估结果能够反映出高职院校在英语教育方面的实际情况和问题，为政府部门制定相关政策提供依据。通过评估，教育部门可以了解英语教学与社会需求之间的差距，推动高职英语教育与社会需求的对接，进一步提高教育质量和培养效果。

高职英语教学质量评估可以揭示高职院校在英语教育方面存在的问题和不足。评估结果可以反映出教学过程中可能存在的薄弱环节、学生学习困难和教学资源的不足等情况。这些问题和不足可以为教育部门了解当前高职英语教育的实际情况提供重要依据。教育部门可以根据评估结果，认清存在的问题，并有针对性地制定相应的政策和改革方案，以促进高职英语教育的发展和提升。

高职英语教学质量评估可以帮助教育部门了解英语教学与社会需求之间的差距。评估结果可以揭示出高职院校培养的英语人才与实际社会需求之间的差距，反映出学生在应用英语能力、职业素养等方面的不足。教育部门可以通过评估结果，深入了解社会对英语人才的需求和期望，以及当前高职英语教育所面临的挑战。基于这些了解，教育部门可以制定相关政策和改革方案，推动高职英语教育与社会需求的对接，提高培养的英语人才的适应能力和就业竞争力。

高职英语教学质量评估还可以为教育部门提供参考，进一步完善高职英语教育的相关政策和标准。评估结果可以反映出教育资源配置、教师培训、课程设置等方面的问题，为教育部门制定相关政策和标准提供依据。教育部门可以根据评估结果，调整和优化相关政策和标准，提升高职英语教育的质量和效果。

三、建立质量保障体系

（一）提供全面的教学管理和控制

通过提供全面的教学管理和控制，可以及时了解教学过程中存在的问题和不足，并采取相应的措施进行改进。建立质量保障体系可以确保评估的周期性和连续性，持续关注教学质量，并提供有效的管理手段和控制机制，以保证教学质量的稳定和提升。

建立质量保障体系需要明确教学管理的目标和原则。学校需要确定教学质量的核心目标和关键要素，明确对教学质量的要求和标准。同时，建立质量保障体系还需要遵循科学、公正、透明的原则，确保评估的客观性和可靠性。

建立质量保障体系需要建立完善的评估机制和流程。评估应该具有周期性和连续性，以便及时了解教学质量的情况。评估流程应该包括数据收集、分析和反馈等环节，确保评估结果的准确性和有效性。评估结果应该及时向相关部门和教师反馈，以便及时采取改进措施。

建立质量保障体系还需要提供有效的管理手段和控制机制。学校可以通过制定相关政策和规章制度，明确教师的教学职责和义务，并建立相应的激励和约束机制。学校还可以提供必要的培训和支持，帮助教师提升教学能力和专业水平。这些管理手段和控制机制可以确保教师按照标准和要求进行教学，并促进教学质量的稳定和提升。

最后，建立质量保障体系需要加强与学生、家长和社会的沟通与合作。学校可以与学生和家长建立良好的沟通渠道，了解他们对教学质量的需求和期望。学校还可以与社会各界合作，了解行业对英语人才的需求和变化趋势。这样可以使学校的教学质量更加贴近社会需求，为学生提供更好的教育资源。

（二）保证评估的客观性和公正性

建立质量保障体系可以确保高职英语教学质量评估的客观性和公正性。建立质量保障体系需要明确评估的标准和指标。评估标准和指标应基于教育部门制定的相关政策和标准，与高职英语教育的目标和要求相符合。标准和指标应涵盖学生的语言技能、综合素质以及职业能力等方面的考核内容。通过明确的评估标准和指标，可以确保评估的客观性和公正性。

建立质量保障体系需要建立评估流程和程序。评估流程应包括数据收集、分析和反馈等环节，确保评估的全面性和连续性。评估程序应明确评估人员的职责和义务，规范评估活动的进行。同时评估流程和程序应具有透明性，使学校、教师和学生等相关方能够了解评估的过程和结果，确保评估的公正性。

建立质量保障体系需要加强对评估人员的培训和管理。评估人员应具备相关的专业素养和评估技能，以确保评估的准确性和可靠性。他们应了解评估标准和指标，并能够独立、客观地进行评估工作。评估人员也应受到严格的管理和监督，以确保评估过程的规范性和公正性。

最后，建立质量保障体系需要注重反馈和改进。评估结果应及时向学校、教师和学生等相关方提供，以便及时发现问题和不足。学校和教师应根据评估结果，采取相应的措施进行改进和提升。同时，体系中应设立反馈机制，鼓励学校、教师和学生等参与评估的反馈，以进一步完善评估体系。

第二节 高职英语教学质量保障的组成部分

教学质量是高职院校教育的核心要素之一，对于英语专业来说，高质量的教学是培养学生综合能力和就业竞争力的重要保证。为了保障高职英语教学的质量，需要从多个方面进行有效的组织和管理。

一、师资队伍建设

高职英语教学的质量很大程度上依赖于师资队伍的素质和水平。因此，师资队伍建设是高职英语教学质量保障的重要组成部分。这包括以下几个方面：

（一）培养合格的教师

高职英语教学质量的保障离不开具备专业知识和教学能力的优秀师资队伍。为了培养合格的英语教师，高职院校需要注重师资队伍建设，并通过严格的选拔和培训机制提高教师的教学水平和专业素养。

高职院校应该建立科学的教师选拔机制。这包括设置明确的选拔标准，通过面试、考试等方式对应聘教师进行综合评估，筛选出最优秀的人才。选拔过程中可以结合教学演示、教学设计等环节，考查应聘者的教学能力和教育理念。

高职院校应该加强教师培训和发展。培训内容可以涵盖教学方法、课程设计、评估方法等方面，旨在提升教师的教学技能和教育教学理论水平。可以组织教师参加专业学术会议、研修班、教学交流活动，增加教师的学习机会和交流机会，拓宽教师的专业视野。

高职院校还可以建立导师制度，为新任教师提供指导和支持。经验丰富的老师可以担任新教师的导师，通过定期的交流、指导和反馈，帮助新教师逐渐成长为优秀的英语教师。

同时，高职院校应该重视教师的继续教育和专业发展。鼓励教师参与学术研究和教学改革，提供相关的培训和支持，使教师能够不断更新知识和提升教学能力。

（二）提供持续的专业发展机会

为了保障高职英语教学质量，高职院校应该为教师提供持续的专业发展机会，使他们能够不断更新知识和提升教学能力。这样可以促进教师的专业成长，提升教学效果。

高职院校可以鼓励教师参与进修学习。通过组织或资助教师参加研修班、培训课程、学术会议等活动，提供教师学习的机会和资源。这些进修学习的机会可以涵盖教学方法、教育理论、学科知识更新等方面，帮助教师更新自己的知识储备和教学理念。

高职院校可以鼓励教师参与教学研究和交流。教师可以开展教育教学研究项目，分享教学经验和教学方法，与其他学校或学科团队展开交流合作。高职院校还可以定期举办教学研讨会、教学展示等活动，为教师提供展示和交流的平台，促进他们相互学习和借鉴。

高职院校可以建立教师导师制度。经验丰富的老师可以担任新教师的导师，通过定期的指导和交流，帮助新教师适应教学工作，提升教学能力。同时，导师也可以为教师提供专业发展的指导和支持，帮助他们规划和实施个人的教学发展计划。

高职院校还可以鼓励教师参与教学项目或课题研究。教师可以参与编写教材、设计课程、开展教育教学改革等项目，这些项目既能提高教师的教学能力，也可以促进教学质量的提升。

（三）定期评估和激励机制

为了保障高职英语教学质量，建立教师的绩效评估和激励机制是必不可少的。通过定期评估教师的教学表现和专业发展情况，并给予相应的激励，可以促进优秀教师的成长和发展，进一步提高教学质量。

高职院校可以建立科学的教师绩效评估体系。这包括制定明确的评估标准和指标，涵盖教学效果、教学设计、学生评价等方面。评估可以通过观察课堂教学、听取学生意见、分析学生学习成绩等方式进行。评估结果应该及时反馈给教师，以便他们了解自己的优势和改进的方向。

高职院校可以设立教师激励机制，对教学表现突出的教师给予奖励和荣誉。奖励可以包括评选"优秀教师""教学能手"等荣誉称号，提供额外的绩效奖金或晋升机会。这样的激励措施可以有效激发教师的积极性和创造力，促进他们在教学工作中不断提高教学质量。

高职院校还可以建立教师交流和合作平台，鼓励教师之间互相学习和借鉴。可以定期组织教师交流会、教学研讨会等活动，让优秀教师分享自己的教学经验和成功案例，为其他教师提供借鉴和启示。这样的交流和合作有助于形成良好的教学氛围和学科共同进步的态势。

高职院校还可以建立教师发展基金或项目资助机制，支持教师参与进修学习、教学研究等专业发展活动。通过提供经费支持和资源保障，激励教师积极参与专业发展，不断提升自身的教学水平和研究能力。

二、教学内容与方法改革

高职英语教学的内容与方法是影响教学质量的重要因素。为了提高教学质量，需要进行以下方面的改革：

（一）更新教材和教学资源

随着时代的变化，英语教学的需求也在不断变化。为了提高教学质量，高职院校应该及时更新教材和引入新的教学资源，以满足学生的学习需求。

高职院校可以定期评估和更新教材。通过对现有教材的反馈和分析，了解学生的学习情况和需求，并根据最新的教学理念和研究成果进行修订和更新。更新后的教材应该紧密结合实际应用场景，注重培养学生的语言运用能力和实际沟通能力。

高职院校可以引入多样化的教学资源。除了传统的教材，还可以利用现代技术手段，如多媒体教学、在线学习平台等，丰富教学内容。例如，通过使用教学视频、网络课程等资源，可以增加学生的学习兴趣和参与度。同时，引入互动式教学软件、语音识别技术等工具，可以提供个性化的学习体验和反馈。

高职院校可以鼓励教师设计和开发教学资源。教师可以根据自己的教学经验和专业知识，开发适合本专业特点和学生需求的教学资料。这些教学资源可以包括课件、练习题、案例分析等，为学生提供更多实践和应用的机会。

高职院校还可以与企业、行业合作，引入真实的工作场景和案例，将英语教学与实际应用相结合。通过组织实地考查、企业讲座、实习实训等活动，使学生能够将所学知识应用于实际情境中，培养他们的实际操作能力和解决问题的能力。

（二）加强实践教学环节

通过实践教学活动，学生可以将所学知识应用于实际情境中，提高实际操作能力和解决问题的能力。

高职院校可以积极组织实践教学活动。这包括实地考查、企业实习、社会调研等形式。通过实践活动，学生可以亲身参与真实的工作场景，了解行业现状和实际操作过程。例如，对于英语专业的学生，可以组织他们到企业或机构进行实习，参与翻译、口译等实际工作，锻炼他们的语言运用能力和跨文化交际能力。

高职院校可以设计实践项目或案例，让学生在实际情境中应用所学知识。通过小组合作、模拟实验等方式，让学生参与问题解决的过程，培养他们的团队合作能力和创新思维。例如，学生可以利用所学知识和技能，设计并实施英语教学活动，参与社区服务项目，或开展语言文化交流活动等。

高职院校还可以加强与行业企业的合作。通过与相关企业建立良好的合作关系，开展联合培养项目、实训基地建设等合作模式，使学生能够接触到真实的工作环境和业务需求。这样不仅可以给学生提供实践机会，还可以增加其就业竞争力和就业适应性。

高职院校可以利用先进的教育技术手段，如虚拟实验室、在线模拟平台等，为学生提供更多的实践机会。通过模拟真实场景和情境，学生可以进行语言实践、交流对话等练习，提高他们的实际操作能力和语言运用能力。

三、教学设施与技术支持

高职院校应该提供良好的教学设施和先进的技术支持，以满足教学需求，并提高教学效果。

（一）教室设施

高职院校应该注重配备舒适、安全、功能齐全的教室设施，以提供良好的教学环境和条件。教室的大小、座位布局、采光通风等因素都需要符合教学要求，为学生和教师创造一个适宜的学习和教学场所。

教室的大小应该能够容纳预订的人数，并保证学生和教师在课堂中的舒适度。教室的空间布局应合理，确保学生能够有足够的活动空间和自由度。教室内的座位布置应灵活多样，以适应不同的教学模式和教学需求，例如小组讨论、集体讲解等。

教室的采光和通风也是重要考虑因素。良好的自然采光可以提高学生的学习积极性和注意力，同时也有助于保护视力健康。教室内应有足够的窗户，尽可能利用自然光源。教室的通风系统应保持畅通，确保新鲜空气的流通，创造一个舒适的学习环境。

现代化的教学设备也是教室设施中不可或缺的一部分。投影仪、电子白板、音响系统等设备可以帮助教师进行多媒体教学，提供丰富的教学资源和互动性。通过使用这些设备，教师可以更好地展示图片及播放视频、音频等教学材料，激发学生的学习兴趣和参与度。

除了基本的教学设备，高职院校还可以考虑配备其他辅助设施，如移动桌椅、交互式平板、学生响应系统等，以满足不同教学需求和教学方法的使用。这些设施可以增加教室的灵活性和互动性，促进学生的参与和合作。

（二）实验室

为了满足学生的需求，高职院校应该建立配备先进设备的语言实验室，提供适合的语音录制和播放设备，以便学生进行语音训练和口语表达练习。

高职院校的语言实验室应该配备先进的语音录制和播放设备。这些设备可以帮助学生进行语音纠正和发音训练。例如，可以配备专业的麦克风、录音设备和音频播放器，让学生能够清晰地录制和回放自己的语音，自我评估和改进。

语言实验室还可以配备翻译软件和语言分析工具，为学生提供更好的实践环境。例如，可以安装语音识别软件，让学生通过朗读和对话来进行语音识别和纠正。语言分析工具可以帮助学生分析和理解语音特征、语法结构等，提升他们的语言分析能力和语言表达能力。

高职院校的语言实验室还可以提供多样化的学习资源和教学材料。例如，可以配备录音教材、听力材料、口语练习题等，以帮助学生进行听说训练。通过提供丰富的学习资源，学生可以有更多的机会进行实践和练习，提高他们的听力理解和口语表达能力。

高职院校还可以引入虚拟实验室技术，为学生提供更灵活和便捷的实践环境。通过虚拟实验室，学生可以进行模拟实验和实际操作，如语音纠正、对话练习等，提高他们的实际操作能力和解决问题的能力。

（三）图书馆

图书馆是高职院校学生自主学习和查阅资料的重要场所。为了满足学生的学习需求，高职院校应该提供宽敞明亮、安静舒适的图书馆环境，并配备丰富的英语专业书籍、期刊、学术论文等资源。同时，图书馆还应该提供电子资源和在线数据库，方便学生进行学习和研究。

高职院校的图书馆应该提供宽敞明亮的学习空间，以满足学生的学习需求。图书馆的座位布局应合理，提供舒适的座椅和桌子，让学生能够有一个安静、舒适的学习环境。图书馆应该有足够的自然光线和良好的通风系统，确保学生在学习过程中能够保持专注和舒适。

高职院校的图书馆应该配备丰富的英语专业书籍、期刊、学术论文等资源。这些资源应涵盖英语语言学、文学、翻译、国际商务等相关领域，以满足学生的各种学习和研究需求。图书馆还应定期更新并扩充馆藏，引进最新的出版物和学术成果。

高职院校的图书馆还应该提供电子资源和在线数据库。通过购买和订阅电子书籍、期刊数据库等资源，学生可以方便地进行在线阅读和查找资料。图书馆还可以为学生提供使用指导，帮助他们利用电子资源进行学习和研究。

高职院校的图书馆应该为学生提供良好的图书借阅和归还服务。图书馆可以建立便捷的借阅系统，并提供自助借还设备，以方便学生使用图书馆资源。图书馆还可以开展培训活动，教授学生如何有效地利用图书馆资源，包括图书检索技巧、文献写作规范等。

高职院校的图书馆还可以提供学术期刊和学术论文的阅览区，方便学生进行深入的学术研究和参考。图书馆还可以组织相关的学术讲座、读书分享会等活动，促进学生之间的学术交流和合作。

第三节 高职英语教学质量监控与改进

高职院校的英语教学质量对于学生的综合素质提升和就业竞争力的培养具有重要意义。为了确保高职英语教学质量的稳步提升，需要进行有效的监控与改进。

一、高职英语教学质量监控策略

（一）收集多样化的数据

监控教学质量的基础是收集多样化的数据。为了达到这个目标，我们可以运用问卷调查、学生作业、考试成绩和课堂观察等方式来收集数据。同时，现代技术手段如在线学习平台和学生信息管理系统也为我们提供了更便捷的数据获取和分析途径。

问卷调查是收集学生对教学内容和方法的反馈的常用方式。通过设计合理的问卷问题，我们可以了解学生对课程内容、教师教学方法、学习资源等方面的评价和意见。问卷调查可以定期进行，以便及时了解学生的需求和改进教学方法。

学生作业是评估学生学习情况和教学效果的重要指标之一。通过收集学生的作业，我们可以了解他们对课程知识的掌握程度、独立思考能力和学习态度等方面的情况。作业可以是书面作业、实验报告、项目作品等形式，通过对作业的分析评估，可以发现教学中存在的问题并及时进行调整和改进。

考试成绩是评估学生学习成果和教学质量的重要指标。通过收集学生的考试成绩，我们可以了解他们对课程知识的掌握情况和学习效果。考试成绩可以包括平时作业、期中考试和期末考试等方面的评估，通过对考试成绩的分析，可以评估教学质量并制订相应的改进措施。

课堂观察是直接了解教学过程和学生学习情况的重要途径。通过对教师授课过程的观察和学生在课堂上的表现，我们可以了解教学效果和学生参与度等方面的情况。课堂观察可以通过录像、记笔记等方式进行记录，并进行深入分析，从而发现教学中存在的问题并及时进行调整和改进。

除了传统的数据收集方式，现代技术手段也为我们提供了更便捷的数据获取和分析途径。在线学习平台可以记录学生的学习行为和学习轨迹，通过分析这些数据，可以了解学生的学习进展和学习困难，从而为个性化教学提供支持。学生信息管理系统可以方便地收集和整理学生的个人信息和学习成绩，通过对这些数据的分析，可以评估教学质量和学生的学习情况。

（二）定期进行评估和反馈

定期评估和反馈是监控教学质量的重要环节。通过与学生进行互动交流，如课堂讨论和个人面谈等方式，我们可以了解他们的学习感受和需求，从而及时调整教学方法和内容。

课堂讨论是一种有效的评估和反馈方式。在课堂上，教师可以引导学生展开思考和讨论，鼓励他们表达自己的观点和理解。通过观察学生的参与程度，教师可以了解学生对课程内容的理解和掌握情况，以及他们在学习过程中遇到的困难和问题。

个人面谈是一种直接了解学生需求和反馈的方式。教师可以与学生进行一对一的面谈，倾听他们的学习感受、困惑和建议。通过与学生的深入交流，教师可以更加准确地了解他们的学习需求和问题，并有针对性地提供支持和帮助。

除了对学生进行评估和反馈外，也需要对教师提供及时的评估和反馈。学校可以组织定期的教学观摩和评估活动，邀请专家或同行对教师的教学进行评估和指导。学校也可以通过定期听课、教学记录和教学反思等方式对教师进行评估和反馈，帮助他们改进教学方法和内容。

定期评估和反馈的目的是及时了解教学效果和学生的学习情况，从而进行相应的调整和改进。通过与学生的互动交流和对教师的评估和反馈，可以促进教学质量的提高，满足学生的学习需求，使教学过程更加有效和有益。

（三）分析数据并制订改进措施

对收集到的数据进行深入分析，并根据分析结果制订相应的改进措施是监控教学质量的关键一环。通过分析数据，我们可以了解学生的学习情况和教学效果，从而有针对性地进行改进。

我们需要对收集到的数据进行整理和统计分析。通过对问卷调查、学生作业、考试成绩和课堂观察等数据的分析，可以发现其中存在的问题和不足之处。例如，我们可能会发现学生在听力方面表现不佳，或是在某个特定的知识点上普遍存在困难。

我们需要根据分析结果制订具体的改进措施。改进措施应当针对具体问题，具有可行性，并能够有效地解决问题。

改进措施应当设定明确的时间节点和责任人。时间节点可以是一个学期或一个学年，以保证改进措施的顺利实施和效果的评估。责任人可以是教师、学校管理层或专门的教学改进团队，他们将负责监督和推动改进措施的实施。

在制订改进措施的过程中，还应当考虑到教学资源的可行性和可用性。教育技术的发展为教学提供了更多的工具和资源，如在线学习平台、教育软件和多媒体设备等。我们可以利用这些资源来支持改进措施的实施，提供更丰富和有效的教学内容和方法。

二、高职英语教学质量改进策略

（一）创新教学方法和手段

创新教学方法和手段是为了适应现代学生的需求和提高教学效果而不断探索和尝试的过程。传统的教学方法在一定程度上已经无法满足学生的需求，因此需要引入新的教学方法和手段来激发学生的学习兴趣、提高学习参与度以及促进知识的深度理解和应用。

互动式教学是一种强调师生互动和学生参与的教学方式。传统的教学往往是教师主导的，教师在讲授知识的过程中，学生只是被动地接受。而互动式教学则通过引入各种互动活动，如小组讨论、问题解答、角色扮演等，使学生能够积极参与到教学过程中，主动思考和表达自己的观点，从而更好地理解和掌握知识。

项目驱动学习是一种注重实践和应用的教学方法。通过将知识与实际问题相结合，学生可以在项目中进行实践和探究，培养解决问题的能力和创新思维。项目驱动学习不仅能够提高学生的学习动力，还能够培养学生的合作意识和团队精神，使学习更加有趣和有意义。

在线学习是一种利用网络技术进行远程教育的教学方式。随着互联网的快速发展，传统的面对面教学已经不再是唯一的选择。在线学习可以提供更加灵活的学习时间和地点，学生可以根据自己的节奏和需求进行学习。通过在线平台，学生可以获得更多的学习资源和辅导支持，拓宽学习渠道，提高学习效果。

除了上述几种创新教学方法和手段之外，还有许多其他的创新教学方法和手段，如游戏化教学、个性化教学、反转课堂等，都在不断地被尝试和推广。这些创新教学方法和手段的引入，旨在激发学生的学习兴趣和动力，提高学习效果，培养学生的综合素质和创新能力。然而，创新教学方法和手段并非一刀切的解决方案，需要根据具体的教学目标和学生特点进行选择和调整，不断探索适合自己的教学方法和手段，以提高教学质量和学生成绩。

（二）优化教材和资源

优化教材和资源对于提高教学质量和学生学习效果起着至关重要的作用。传统的教材往往存在内容陈旧、难以激发学生兴趣等问题，因此需要不断审查和更新教材，确保其与课程目标和学生需求相匹配。

学校应当对教材进行审查和评估。教材的选择应基于课程目标和学生的年龄、认知水平等因素，确保教材内容的准确性、全面性和可理解性。同时，应该关注教材的时效性，尽量引入最新的研究成果和实践案例，使学生能够了解最新的知识和发展动态。

学校还可以鼓励教师和学生参与到教材的编写和制作中。教师可以通过教学实践积累案例和经验，将其融入教材中，使教材更贴近实际，并能够满足学生的学习需求。学生也可以参与到教材的评价和反馈中，提供他们的意见和建议，以改进教材的质量和适用性。

优化教材和资源不仅可以提高教学效果，还可以激发学生的学习兴趣和主动性。通过选择合适的教材和利用多样化的学习资源，可以满足不同学生的学习需求，促进个性化学习。教材的更新和完善也能够让学生与时俱进，了解最新的知识和发展动态。

在优化教材和资源的过程中，也需要注意平衡和合理使用。教材和资源的选择应基于教学目标和学生需求，避免盲目追求时尚和新颖。同时，要确保教材和资源的质量和可靠性，避免出现错误或误导学生的情况。最重要的是，教师在教学过程中应根据教材和资源的特点，灵活运用，创造有益于学生学习的环境和机会。

第八章 高职英语教师发展与培训

第一节 高职英语教师能力要求分析

作为高职英语教师，需要具备一定的专业知识和教学能力，以便有效地教授学生英语知识和技能。以下是对高职英语教师能力要求的分析。

一、英语语言能力

（一）英语口语能力

高职英语教师的口语能力对于有效传达信息和促进学生的理解至关重要。

1. 清晰发音

高职英语教师应具备清晰准确的发音能力。他们应该能够正确地发出各种音素，并能够区分英语中的浊辅音和清辅音、长元音和短元音等。通过清晰的发音，他们能够为学生树立良好的语音模范，帮助学生准确理解和模仿。

2. 正确的语调和语速

高职英语教师需要掌握正确的语调和语速。他们应能够根据不同的语境和教学目标，灵活调整语调和语速。例如，在讲解重要概念时，他们可以使用较慢的语速和强调的语调；而在进行口语对话练习时，他们可以采用较快的语速和自然的语调。

3. 语音节奏的把握

高职英语教师需要掌握英语的语音节奏，以便流畅地表达思想和信息。他们应能够正确运用语音节奏的重读和轻读规律，使句子更具韵律感。通过适当的语音节奏，他们能够增加教学内容的吸引力和可理解性。

4. 丰富的词汇量

高职英语教师需要具备丰富的词汇量，并能够灵活运用各种口语表达方式。

他们应熟悉各种常用词汇和习惯用法，并能够根据不同的教学情境和学生的需求，选择合适的词汇和表达方式进行教学。

5. 教学技巧与策略

高职英语教师需要掌握一些有效的口语教学技巧和策略，以提升学生的口语表达能力。例如，他们可以使用角色扮演、小组讨论、情景模拟等活动来培养学生的口语交际能力。他们还应鼓励学生积极参与课堂讨论和演讲，提供及时的反馈和指导。

（二）英语听力能力

高职英语教师需要具备较强的听力能力，以便有效地理解和解读不同语境下的英语语音材料。

1. 听懂不同口音和语速的英语

高职英语教师应该具备听懂不同口音和语速的英语的能力。他们需要熟悉不同英语口音的特点，如美式英语、英式英语、澳大利亚英语等，并能够适应各种语速，包括较慢的口语交流和较快的自然对话。这样才能更好地理解真实语言环境下的英语表达，并为学生提供准确的听力示范。

2. 提取有用信息

高职英语教师需要从听到的英语语音材料中准确地提取出有用的信息。他们应能够分辨关键词、主题句和重要细节。良好的英语听力技巧能够为学生传递语音、语调、语气等相关信息，帮助学生更好地理解和应用所学的英语知识。

3. 理解不同语境下的英语

高职英语教师需要具备理解不同语境下的英语的能力。他们应该能够理解各种场景下的对话、讲座、演讲等语言材料，并从中获取所需信息。这包括学术领域、商务环境、社交活动等不同情境下的英语表达方式，以便为学生提供多样化的听力素材和实际语言运用的经验。

4. 分辨语音特点和语音变化

高职英语教师需要具备分辨语音特点和语音变化的能力。他们应了解英语语音的基本规律和变化规律，并能够准确地分辨和解读不同语音的发音特点。通过良好的语音分辨能力，他们能够帮助学生纠正发音错误，提升学生的语音准确性和流利度。

5. 使用有效的听力策略

高职英语教师需要掌握一些有效的听力策略，以提高自己的听力能力。这包括预测内容、注意关键词、理解上下文、抓住主题等策略。通过使用这些策略，他们能够更好地应对听力挑战，提高自己的听力水平，并将这些策略传授给学生，帮助学生改善听力技巧。

（三）英语阅读能力

1. 熟练掌握阅读技巧

高职英语教师需要熟练掌握各种阅读技巧，包括扫读、略读、详读和理解等。他们应能够根据阅读目的和时间限制，选择合适的阅读方式。扫读和略读技巧可以帮助他们快速获取文章的主题和大意；详读技巧可以帮助他们深入理解文章的细节和信息；而理解技巧则能帮助他们从文章中推断和解读作者的观点和意图。

2. 理解不同类型的英语文本

高职英语教师需要具备理解不同类型英语文本的能力。他们应熟悉各种常见的英语文本形式，如新闻报道、学术论文、科技文献、广告宣传等，并能够应对不同类型文本的语言风格和表达方式。通过理解不同类型的英语文本，他们能够为学生提供多样化的阅读素材，并培养学生的阅读兴趣和能力。

3. 理解上下文和推断意义

高职英语教师需要具备理解上下文和推断意义的能力。他们应能够通过上下文信息推测词义、句义甚至段落意义，并根据推断结果进行正确的理解和解读。这种能力可以帮助他们处理复杂的文本结构和语言表达，以及应对生词和不熟悉的语法现象。

4. 应用阅读策略

高职英语教师需要掌握一些有效的阅读策略，以提高自己的阅读能力。这包括预测内容、关注段落结构、注意标点符号、使用词典等策略。通过使用这些策略，他们能够更好地应对阅读挑战，提高自己的阅读水平，并将这些策略传授给学生，帮助学生掌握阅读技巧。

（四）英语写作能力

1. 准确运用英语语法

高职英语教师需要准确地运用英语语法，包括词性、句子结构、时态、语态等方面的知识。他们应能够避免常见的语法错误，并能够指导学生理解和运用正确的语法规则。通过良好的语法运用，他们能够帮助学生撰写准确且流畅的英语作文。

2. 丰富的词汇量

高职英语教师需要具备丰富的词汇量，并能够灵活运用各种词汇来丰富文章的表达。他们应熟悉常用的词汇和习惯用法，并能够引导学生扩展自己的词汇量。通过丰富的词汇运用，他们能够帮助学生提升作文的表达能力和语言的准确性。

3. 清晰连贯的句子结构

高职英语教师需要具备撰写清晰、连贯的句子的能力。他们应能够组织句子，使其有逻辑性和条理性。通过正确的句子结构，他们能够帮助学生在作文中表达清晰、流畅且易于理解的观点。

4. 逻辑性和连贯性

高职英语教师的写作应具备逻辑性和连贯性。他们应能够合理组织文章的结构，使之符合逻辑顺序，并通过合适的过渡词和短语连接段落和句子，使文章内容流畅自然。通过逻辑性和连贯性的写作风格，他们能够帮助学生提高文章的条理性和可读性。

5. 指导学生进行写作训练

高职英语教师需要具备指导学生进行写作训练的能力。他们应了解写作教学方法和策略，并能够根据学生的水平和需求，设计合适的写作练习和任务。通过及时的反馈和指导，他们能够帮助学生掌握写作技巧，提高写作能力。

6. 文体多样性

高职英语教师需要具备不同文体的写作能力。他们应熟悉不同类型的英语写作，如记叙文、说明文、议论文等，并能够教授学生不同文体的写作技巧和特点。通过培养学生的文体意识，他们能够提高学生在不同写作任务中的应变能力。

（五）英语语法知识和语言规范

1. 理解基本原则和规则

高职英语教师需要熟悉英语语法的基本原则和规则。他们应了解词类、句子结构、时态、语态等方面的知识，并能够准确地解释和应用这些知识。通过深入理解语法原理，他们能够帮助学生理清语法的逻辑关系，从而提高学生的语言准确性和表达能力。

2. 解释常见语法问题

高职英语教师需要能够准确解释学生在学习过程中遇到的常见语法问题。例如，他们应能够解释名词的单复数形式、动词的时态和语态、代词的指代和一致等。通过准确解释语法问题，他们能够帮助学生理解和纠正自己的语法错误。

3. 关注语言的变化和发展

高职英语教师需要关注英语语言的变化和发展。他们应了解当代英语的常用词汇和习惯用法，并能够将其应用于教学中。同时，还应注意英语语言的新兴词汇和流行表达，以便帮助学生跟上时代的语言发展。

4. 掌握语言规范

高职英语教师需要掌握英语的语言规范。他们应了解标准英语的使用方式，包括正式场合和非正式场合的语言风格和表达方式。通过掌握语言规范，他们能够为学生提供正确的语言示范，并培养学生良好的语言习惯和文化意识。

5. 教授常用词汇和习惯用法

高职英语教师应教授学生常用的英语词汇和习惯用法。他们应熟悉各种常见的词汇和短语，并能够引导学生在实际应用中正确运用这些词汇和短语。通过教授常用词汇和习惯用法，他们能够帮助学生扩展词汇量，提高语言的丰富性和准确性。

6. 培养语言规范意识

高职英语教师需要培养学生的语言规范意识。他们应引导学生关注语法和语言的准确性，重视语言的细节和表达方式。通过培养语言规范意识，他们能够帮助学生形成正确的语言习惯，提高语言的质量和流利度。

（六）跨文化交际能力

高职英语教师需要具备一定的跨文化交际能力，以便在教学过程中能够更好地理解和应用英语国家的文化背景、社会习俗和传统节日等。

1. 理解不同文化背景

高职英语教师应该对英语国家的文化背景有一定的了解。他们需要了解英语国家的历史、地理、政治、经济等方面的基本知识，并能够将这些知识与教学内容相结合，帮助学生更好地理解英语的使用环境和背景。

2. 掌握社会习俗和礼仪

高职英语教师需要熟悉英语国家的社会习俗和礼仪，包括日常交往、商务场合、社交活动等方面的行为规范。他们应向学生介绍并解释这些社会习俗和礼仪，帮助学生适应不同文化环境，并培养学生的跨文化交际能力。

3. 教授传统节日和庆典

高职英语教师需要教授学生英语国家的传统节日和庆典。他们应向学生介绍这些节日的起源、习俗和庆祝方式，并引导学生在语言和文化方面与之相关的表达。通过了解和参与传统节日和庆典，学生能够更好地理解和体验英语国家的文化。

4. 培养跨文化意识

高职英语教师需要培养学生的跨文化意识。他们应引导学生关注不同文化之间的差异和相似之处，并帮助他们理解并尊重他人的文化观念和价值观。通过培养跨文化意识，学生能够更好地适应多元化的社会环境，并提高跨文化交际的能力。

5. 跨文化交际技巧

高职英语教师需要掌握一些有效的跨文化交际技巧。例如，他们可以教授学生关于礼貌用语、非语言沟通和文化障碍等方面的知识，以便学生能够在与英语为母语的人交流时更加得体和流利。同时，他们还应鼓励学生积极参与跨文化交流活动，提供实践机会并给予及时的反馈。

6.培养尊重他人文化差异的能力

高职英语教师需要培养学生尊重他人文化差异的能力。他们应鼓励学生保持开放的心态，接纳不同的文化观念和习俗，并通过教学内容和案例分析等方式，引导学生理解和尊重他人的文化差异。这将有助于学生建立良好的跨文化交际关系，并提升他们的国际视野。

二、教学能力

高职英语教师需要具备以下教学能力：

（一）教学设计

教师在制订教学计划时应该考虑课程目标和学生的需求，以确保教学的合理性和有效性。教学设计需要明确教学内容、教学重点和难点，并根据学生的实际情况进行细致的安排。

教师应该确定教学内容。他们需要仔细审视课程大纲和教材，明确需要传授的知识和技能。同时，教师还可以参考相关教育标准和教学资源，确保教学内容的科学性和时效性。在确定教学内容时，教师应该注重知识的系统性和结构性，使学生能够逐步建立完整的知识体系。

教师需要确定教学重点和难点。教学重点是指学生在学习过程中需要重点关注和掌握的内容，而教学难点则是学生可能遇到困难的地方。教师可以通过分析教材和学生的学习特点，确定教学重点和难点。在教学中，教师可以采用不同的教学方法和手段，帮助学生克服困难，提高学习效果。

（二）教学组织

教师在教学组织方面应该运用灵活多样的教学方法和手段，如讲授、讨论、实践等，以激发学生的学习兴趣和积极性。他们需要合理安排教学时间和资源，组织教学活动，并创设良好的学习环境，促进学生的主动参与和互动交流。

教师可以通过讲授的方式传授知识和技能。讲授是一种常见的教学方法，教师可以结合教材和教学大纲，系统地向学生介绍重要的知识点和概念。在讲授过程中，教师应该注意语言表达的准确性和清晰度，引导学生理解和记忆知识，同时也可以通过举例和案例分析等方式加深学生的理解。

教师可以通过讨论的方式激发学生的思考和互动。讨论是一种富有启发性的教学方法，可以帮助学生培养批判性思维和问题解决能力。教师可以提出问题，引导学生进行思考和讨论，鼓励他们表达自己的观点和意见。在讨论过程中，教师应该充当引导者的角色，及时给予学生反馈和指导，促进他们的深入思考和交流。

教师还可以通过实践活动来提高学生的实际操作能力和创新能力。实践是一种重要的教学方法，可以帮助学生将理论知识与实际问题相结合，培养解决实际问题的能力。教师可以组织实验、实地考查、小组项目等实践活动，让学生亲自动手，实践所学知识，提高他们的实际操作能力和团队合作能力。

三、沟通能力

高职英语教师需要具备良好的沟通能力，包括与学生、家长、同事和上级之间的沟通。

（一）学生沟通

教师应该建立良好的师生关系，与学生建立互信和尊重的沟通环境。

教师应该主动倾听学生的问题和困惑。每个学生都有自己独特的学习情况和需求，教师应该给予足够的关注和理解。在课堂上，教师可以鼓励学生提问，展示他们的思考和疑惑。在课后或办公时间，教师也应保持开放的姿态，主动与学生交流，了解他们的学习进展和困难。

教师应该及时给予学生指导和支持。当学生遇到问题或困难时，教师应该耐心倾听并提供合适的解答和解决方案。教师可以采用启发式教学法，引导学生自主思考和解决问题，或者提供示范和演示，帮助学生理解和掌握知识。教师还可以鼓励学生与同学互助合作，通过小组讨论和互动交流来解决问题。

同时，教师需要积极回应学生的反馈和建议。学生的反馈是对教学效果的重要评价，教师应该虚心接受，并及时调整自己的教学策略和方法。教师可以开设课堂问卷调查或私下面谈，了解学生的感受和建议，以便更好地满足他们的学习需求。

最后，教师应该尊重学生的个性和差异。每个学生都有自己独特的学习方式和兴趣爱好，教师应该尊重并关注他们的个体差异。教师可以采用多样化的教学方法和评价方式，给予学生更多的选择和发展空间。教师还可以与学生进行日常交流，了解他们的兴趣和潜力，为他们提供个性化的指导和支持。

（二）家长沟通

教师需要与家长保持密切联系，及时反馈学生的学习情况和表现。教师应该定期与家长举行家长会议或家长座谈会，向家长介绍学生的学习情况和表现。在会议上，教师可以详细讲解教学计划和课程目标，分享学生的优点和成绩，以及存在的问题和困难。教师还可以提供一些学习指导和建议，帮助家长更好地支持孩子的学习。家长会议也是教师与家长互相交流的机会，家长可以提出自己的疑问和意见，与教师共同探讨学生的学习问题和解决方案。

教师可以通过家长信函等方式与家长保持沟通。教师可以定期给家长写信，向他们反馈学生的学习情况和表现。在信中，教师可以简要介绍学生的学习进展、参与度以及存在的问题，并提供一些意见和建议，帮助家长更好地支持学生的学习。教师还可以邀请家长参加学校活动和课堂观摩，让家长更直观地了解学生的学习环境和教学方式。

教师还应倾听家长的意见和建议，与家长建立良好的合作关系。家长是孩子成长过程中最重要的支持者和伙伴，他们对孩子的了解和期望都非常重要。教师可以定期与家长进行交流，听取他们的意见和建议，了解家庭背景和学习需求。教师可以通过电话、电子邮件等渠道与家长保持联系，并及时回复他们的疑问和关切。在面对学生问题时，教师也可以与家长共同探讨解决方案，共同促进学生的全面发展。

（三）同事沟通

教师需要与同事进行有效的沟通和合作。教师可以定期参加教研活动，与同事进行交流和分享。教研活动是教师专业成长和提高教学水平的重要途径。教师可以组织或参加教研组会议、教研讲座等形式的活动，与同事分享自己的教学经验和教材资源，了解其他同事的教学实践和教学方法。在教研活动中，教师可以互相借鉴和学习，共同探讨教学问题和解决方案，提高教学质量。

教师可以通过合作备课来加强与同事的沟通和合作。合作备课是一种有效的教学方式，教师可以与同事一起制订教学计划，共同设计教学活动和评价方式。在合作备课中，教师可以分享自己的教学资源和教学方法，与同事共同研究教材和教学大纲，探讨教学重点和难点。通过合作备课，教师可以相互启发和借鉴，拓展教学思路，提供更多样化和贴近学生需求的教学内容。

教师还可以定期组织教学观摩和交流活动，促进同事之间的互动和学习。教师可以邀请同事到自己的课堂观摩，并进行反馈和讨论。教师也可以观摩其他同事的课堂，借鉴他们的优秀教学经验和方法。通过观摩和交流，教师可以互相学习和提高，为教学实践提供新的思路和灵感。

最后，教师应该保持良好的沟通和合作氛围，建立互信和尊重的关系。教师可以定期与同事交流，了解彼此的工作情况和教学进展。在沟通中，教师应该真诚倾听和尊重同事的意见和建议，给予积极的反馈和支持。教师还应主动分享自己的经验和资源，为同事提供帮助和支持。

（四）上级沟通

教师需要与上级保持良好的沟通关系，及时报告教学情况、困难和需求。教师可以定期向上级汇报学生的学习情况、表现以及教学计划的执行情况。通过汇报，上级可以了解教师的工作进展，对教师的教学质量和学生的学习效果进行评估。教师也可以通过汇报向上级反映学生在学习中遇到的困难和问题，以便上级能够提供指导和支持。

在教学过程中，教师可能会面临各种教学难题和挑战，此时可以向上级请教，寻求专业指导和建议。上级拥有更丰富的经验和知识，可以为教师提供解决问题的思路和方法。通过与上级的交流和合作，教师可以更好地应对教学中的困难，提高教学效果。

同时，教师还应积极参加培训和研讨会议，更新教育理念和教学方法，提高自身的教学能力。教育领域的知识和技术在不断发展变化，教师需要不断学习和更新自己的教学知识和技能。教师可以参加各类培训班、研讨会议，了解最新的教育理念、教材资源以及教学方法。通过与其他教师的交流和互动，教师可以获取更多的教学经验和启示，提高自身的教学水平。

教师可以定期与上级进行面谈，汇报工作进展和遇到的问题。在沟通中，教师应该真诚倾听上级的意见和建议，虚心接受评估和指导，并及时采取行动改进教学工作。同时向上级提出自己的需求和建议，为学校的教育教学工作提供宝贵的意见和建议。

在沟通过程中，高职英语教师需要注重有效的听力和表达能力。他们应倾听对方的观点和意见，虚心接受反馈，并能够清晰地表达自己的想法和建议。同时，教师还应注意非语言沟通，如肢体语言和面部表情，以增强沟通效果。

四、关爱和耐心

（一）理解学生

教师应该尊重学生的个性和差异。每个学生都有自己独特的个性和特点，教师应该以包容和尊重的态度对待他们。教师不应将所有学生视为同质化的整体，而是要关注并理解每个学生的独特需求和困惑。通过认可和尊重学生的个性差异，教师可以创造一个包容和谐的学习环境，激发学生的学习动力和积极性。

教师需要积极倾听学生的问题和意见。学生在学习中可能会遇到各种问题和困惑，教师应该耐心倾听，并尽力给予帮助和指导。教师可以鼓励学生提问，建立一个开放的沟通氛围，让学生敢于表达自己的观点和疑惑。通过倾听学生的问题和意见，教师可以更好地了解学生的学习需求，及时调整教学策略，提供有针对性的教学指导。

教师应该与学生建立良好的师生关系。师生关系是教学中至关重要的一环，它不仅影响学生的学习积极性和兴趣，也直接影响教学效果和学生成绩。教师可以主动与学生交流和互动，了解他们的背景、兴趣和学习方式。通过与学生建立信任和互动的关系，教师可以更好地理解学生的需求和困惑，为他们提供个性化的教学指导和支持。

最后，教师需要灵活调整教学策略，满足学生的学习需求。每个学生都有不同的学习方式和节奏，教师应该根据学生的特点和需求，灵活调整教学策略和方法。教师可以采用多样化的教学手段和评价方式，给予学生更多选择的机会，激发他们的学习兴趣和动力。通过满足学生的学习需求，教师可以提高学生的学习效果和成绩。

（二）给予积极反馈和支持

教师应该给予学生积极的反馈和鼓励，帮助他们建立自信心。教师应该积极给予学生肯定和赞扬，学生在学习过程中取得的每一个进步和成绩都应该受到教师的认可和肯定。教师可以通过口头表扬、奖励或称赞的方式，鼓励学生并提高他们的自信心。这样可以激发学生的学习动力和积极性，让他们更有信心面对学习中的挑战。

教师需要及时给予学生必要的支持和指导。学生在学习过程中可能会遇到各种困难和问题，教师应该主动提供帮助和指导，帮助学生克服困难，提高学习能力。教师可以与学生进行一对一的交流和辅导，了解他们的学习需求和问题，并提供具体的解决方案和建议。通过及时给予支持和指导，教师可以帮助学生找到解决问题的途径，提高他们的学习效果。

教师还应鼓励学生主动参与课堂活动和学习讨论。教师可以创建一个积极互动的学习环境，鼓励学生提问、发表自己的观点和意见。在学生积极参与的过程中，教师应及时给予肯定和鼓励，激发他们的学习热情。这样可以培养学生的自信心和表达能力，促进他们的全面发展。

最后，教师应倡导和实施个性化的教学方法。每个学生都有不同的学习方式和节奏，教师应根据学生的特点和需求，灵活调整教学策略，满足学生的学习需求。教师可以采用多样化的教学手段和评价方式，为学生提供更多选择的机会，帮助他们发现自己的优势和潜力。通过个性化的教学方法，教师可以更好地满足学生的学习需求，提供有针对性的支持和指导。

（三）耐心引导学生

教师需要耐心地引导学生，帮助他们建立正确的学习态度和方法。在课堂教学中，教师可以提出一些开放性的问题，鼓励学生进行思考和讨论。教师可以引导学生从不同角度和层面来分析问题，培养他们的批判性思维和解决问题的能力。

教师需要给予学生适当的引导和支持。在学生遇到困难或问题时，教师应及时给予帮助和指导。教师可以提供一些提示和启示，帮助学生找到解决问题的思路和方法。同时，教师还可以提供一些学习资源和参考资料，引导学生进行更深入的学习和研究。通过适当的引导和支持，教师可以帮助学生克服困难，培养他们的自信心和学习能力。

（四）关注学生的情感需求

教师不仅要关注学生的学习需求，还要关注他们的情感需求。学生在学习和成长过程中可能会面临各种情感问题，如焦虑、压力、自信心不足等。教师应该倾听学生的心声，给予他们宽容和理解。无论是课堂上还是课后，教师都应给予学生足够的时间和空间，让他们表达自己的情感和困惑。通过倾听学生的烦恼，教师可以更好地了解他们的情感需求，为他们提供相应的支持和帮助。

有些学生可能面临着更加复杂的情感问题，需要专业的心理支持。教师可以与学校的心理咨询师或辅导员合作，为学生提供心理咨询和辅导服务。这些专业人员可以帮助学生解决情感问题、调整心态，并提供有效的应对策略。通过提供心理咨询和辅导，教师可以帮助学生建立健康的情感状态，保持积极的学习态度。

教师可以设计一些能够激发学生情感表达和交流的活动，如小组讨论、角色扮演等。通过这些活动，学生可以更自由地表达自己的情感和观点，增强彼此之间的情感连接。教师还可以关注学生在课堂上的表现，及时给予肯定和鼓励，让学生感受到被关注和重视，增强他们的自信心和情感满足感。

最后，教师应该展现出积极向上、乐观向前的情绪态度，给学生树立正面的示范和引导。教师可以与学生建立良好的师生关系，为他们提供支持和鼓励。通过与学生的情感连接和互动，教师可以成为学生的良师益友，给予他们温暖和力量，帮助他们保持积极的学习态度和情感状态。

第二节 高职英语教师培训模式研究

随着社会的不断发展和国际交流的日益频繁，英语教育在中国高职院校中扮演着重要的角色。但由于高职院校对英语教师的培养和培训体系相对薄弱，导致英语教师水平参差不齐，无法满足学生的需求。因此，下面探讨高职英语教师培训模式，以提供有针对性的培训方案，提升高职英语教师的教学能力和专业素养。

一、综合培训模式

该模式将理论学习、实践操作和案例分析相结合，通过多种形式的培训活动来提升教师的教学能力。具体包括：

（一）理论学习

在高职英语教师培训模式中，理论学习是一个重要的环节。通过系统学习英语教学理论知识，可以帮助教师建立起扎实的理论基础，从而更好地指导他们的教学实践。

理论学习是高职英语教师培训中不可或缺的一部分。它为教师提供了系统学习英语教学理论知识的机会，使其能够建立起坚实的理论基础，从而更好地指导他们的教学实践。通过深入研究和学习教育心理学、语言学、教育技术学等相关学科的理论，教师可以更好地理解学生的学习特点和需求，掌握有效的教学方法和策略。

在理论学习中，教师可以参加专业课程，如教育心理学、教育学、语言学等，以系统学习相关理论知识。这些课程将涵盖教育领域的各个方面，包括教学设计、课堂管理、评估和反馈等内容。通过深入学习这些理论知识，教师可以更好地了解教育教学的本质和规律，从而提高自己的教学水平。

理论学习还可以通过阅读相关专业书籍、期刊和研究论文来进行。这些资源提供了丰富的理论知识和研究成果，可以帮助教师深入了解英语教学领域的前沿动态和最新趋势。教师可以根据自己的兴趣和需求选择适合自己的阅读材料，并结合实际教学情境进行思考和讨论。

在理论学习过程中，教师应注重理论与实践的结合。只有将理论知识与实际教学相结合，才能更好地运用所学知识解决实际问题。因此，教师可以通过教学案例分析、小组讨论和实践操作等方式，将理论知识与实际教学情境相结合，加强对理论知识的理解。

（二）实践操作

在高职英语教师培训模式中，实践操作是培养教师教学技能的重要环节。通过在实际教学中运用所学知识，教师可以不断积累经验和提升自己的教学能力。

实践操作是高职英语教师培训模式中的一项重要内容。它要求教师在实际教学过程中运用所学知识，并将理论转化为实际操作，以提升自己的教学技能和能力。通过亲身经历和实践，教师能够更好地理解和应用教育理论，从而取得更好的教学效果。

在实践操作中，教师可以运用各种教学方法和策略，如分组讨论、角色扮演、案例研究等，以激发学生的学习兴趣和参与度。教师还可以尝试不同的教学技术和工具，如多媒体教学、在线教学平台等，以提升教学效果和互动性。通过实践操作，教师能够深入了解学生的学习需求和反馈，从而及时调整教学策略和方法，提高教学质量。

实践操作还包括教师的课堂管理能力和组织能力的培养。教师需要学会合理安排课堂时间、管理学生行为，以创设良好的教学环境。通过实践操作，教师可以积累丰富的经验，逐渐掌握有效的课堂管理技巧，并能够应对各种教学挑战。

实践操作应该与理论学习相结合，形成理论与实践的有机统一。教师在实践操作中不仅要灵活运用所学理论知识，还要反思和总结实践中的问题和经验，以进一步完善自己的教学方式和方法。教师还可以通过与同行教师的交流和合作，分享实践心得和经验，共同提升教学水平。

（三）案例分析

在高职英语教师培训模式中，案例分析是一种重要的学习和培训方法。通过参与案例研究，教师可以深入分析和解决实际教学中遇到的问题，从而提升自己的教学能力和专业素养。

案例分析要求教师通过参与案例研究，深入分析和解决实际教学中遇到的问题，以提升自己的教学能力和专业素养。通过研究和分析真实的教学案例，教师能够更好地理解和应用教育理论，也能够加深对教学实践的认识和思考。

在案例分析中，教师可以选择与自己教学领域相关的案例，并进行深入研究和分析。通过仔细观察和思考，教师可以发现案例中存在的问题、挑战和难点，并探索解决这些问题的有效方法和策略。教师还可以与其他教师进行讨论和交流，分享自己的观点和经验，从而丰富自己的教学思路。

在案例分析过程中，教师应注重理论与实践的结合。只有将理论知识与实际案例相结合，才能更好地应对教学中的挑战和问题。因此，在进行案例分析时，教师可以运用所学的教育理论和方法，对案例中出现的问题进行分析并提出解决方案。教师还可以反思和总结自己在实际教学中遇到的类似情况，并不断优化和改进自己的教学实践。

案例分析也可以与其他培训环节相结合，形成一个完整的培训体系。例如，在理论学习阶段，教师可以通过研读相关案例来加深对理论知识的理解和应用；在实践操作阶段，教师可以选择相关案例来指导自己的教学实践。通过综合运用多种培训方法和工具，教师能够全面提升自己的教学能力和专业素养。

二、多元化培训方式

除了传统的面对面授课形式，还可以引入多元化的培训方式，以满足不同教师的需求。具体包括：

（一）在线培训

在高职英语教师培训模式中，为了方便教师随时随地进行学习，可以采用在线培训的方式。通过网络平台提供在线课程，教师可以根据自己的时间和地点灵活选择学习内容，并进行学习。

在线培训是利用网络平台提供在线课程，为教师提供了灵活的学习机会。教师可以根据自己的时间和地点，选择适合自己的在线课程，并进行学习。

通过在线培训，教师可以充分利用碎片化时间进行学习。无论是在家、在办公室还是在任何其他地方，只要有网络连接，教师都可以随时随地进行学习。这种灵活性使得教师能够更好地安排自己的学习时间，提高学习效率。

在线培训还提供了丰富的学习资源。通过网络平台，教师可以获得各类学习资料，如课件、教材、案例等。同时，还可以与其他教师进行交流和互动，分享学习心得和经验，促进共同成长。

在线培训还具有个性化的特点。通过网络平台，教师可以根据自己的需求和兴趣选择适合自己的课程和学习内容。不同教师可以根据自己的实际情况和专业需求进行学习，提高自己的专业素养和教学能力。

在进行在线培训时，教师需要具备一定的自我管理能力。由于没有固定的上课时间和地点，教师需要自觉安排学习时间，并保持学习的连贯性和持续性。教师还需要积极参与在线课程中的讨论和互动，与其他学员进行交流和合作，共同学习和进步。

（二）学习小组

在高职英语教师培训模式中，为了促进教师之间的交流和合作，可以组成学习小组。教师通过相互交流和分享教学经验，共同提升自己的教学能力和专业素养。

教师可以组成小组，与其他教师进行互动和合作，在集体学习和分享中不断提升自己的教学能力和专业素养。

在学习小组中，教师可以选择与自己教学领域相关的主题或问题进行探讨和研究。例如，可以选择某个教学方法的应用、某个教学资源的开发等作为学习小组的主题。教师可以根据自己的需求和兴趣，选择适合自己的学习内容，并与小组成员进行讨论和交流。

通过学习小组的交流和讨论，教师能够从其他教师的经验和观点中获得启发和灵感。小组成员可以分享自己在教学实践中的成功经验和困惑，共同探讨解决方案。这种互动和分享可以帮助教师拓宽视野、开阔思路，促进教学方法的创新和改进。

学习小组还可以通过定期举行集体研讨会、教学观摩和互评活动来加强交流和合作。教师可以邀请其他教师观摩自己的课堂，并接受他们的建议和反馈。教师也可以参观其他教师的课堂，借鉴他们的教学经验和方法。这种教学观摩和互评能够促进教师之间的相互学习和成长。

在学习小组中，教师还可以通过互相提供资源和支持来增强合作氛围。教师可以分享自己的教学资源、教案、课件等，以供其他教师借鉴和参考。教师也可以互相支持和鼓励，在教学实践中给予彼此反馈和指导，共同提高教学质量。

三、培训资源共享

建立高职院校英语教师培训资源共享平台，收集整理各类培训资源和教材，以满足不同教师的需求。具体包括：

（一）教材资料

在高职英语教师培训模式中，为了帮助教师更好地备课和教学，可以提供优质的教材和参考资料。通过共享教材资料，教师能够获得丰富的教学资源，从而提升自己的教学质量和效果。

教材资料的共享旨在为教师提供优质的教材和参考资料，以便他们更好地备课和教学。通过共享教材资料，教师能够获得丰富的教学资源，丰富自己的教学内容，提高教学的针对性和有效性。

教材资料的共享可以包括教科书、教辅材料、课件等。这些教材不仅可以作为教师备课的参考，还可以作为学生的学习资料。通过共享这些教材，教师可以减轻备课的负担，节约时间和精力，并能够更好地组织和安排教学内容。

共享教材资料还可以包括其他教师编写的优秀教案、课程设计和教学活动等。这些教材资料是教师在实际教学中积累的宝贵经验和教学成果。通过共享这些资料，教师可以互相借鉴和学习，提高自己的教学水平和专业素养。

教材资料的共享也可以通过建立教师资源库、网络平台等方式进行。教师可以将自己编写的教材资料上传至资源库或网络平台，供其他教师下载和使用。教师也可以从资源库或网络平台上获取其他教师分享的教材资料，以丰富自己的教学内容。

共享教材资料不仅有助于教师个人的教学发展，也有利于整个教师团队的共同进步。通过共享教材资料，教师之间可以进行交流和合作，互相借鉴和启发，共同提高教学水平和质量。这种协作与共享的精神能够促进教师之间的互动和合作，形成良好的学习和成长氛围。

（二）教学案例

在高职英语教师培训模式中，为了帮助教师提升教学能力和专业素养，可以收集和分享成功的教学案例。这些案例可以为教师提供借鉴和参考，帮助他们更好地理解和应用教学理论和方法。

教学案例的收集和分享是通过收集和分享成功的教学案例，为教师提供借鉴和参考，帮助他们更好地理解和应用教学理论和方法。这些教学案例涵盖了各个领域和层次的教学实践，具有一定的代表性和指导意义。

教学案例的收集可以包括教师在实际教学中的成功经验和创新做法。这些案例可以是教师在教学设计、课堂管理、评估和反馈等方面取得的成果。通过分享这些成功的教学案例，教师能够互相借鉴和学习，从而提升自己的教学水平和效果。

教学案例的分享还可以包括其他教师编写的优秀教案、课程设计和教学活动等。这些案例是教师在实际教学中经过反复实践和改进后形成的。通过分享这些案例，教师能够互相启发和激发创新思维，丰富自己的教学内容和方法。

教学案例的收集和分享可以通过多种方式进行。例如，可以组织教师研讨会、教学展示和座谈会等活动，让教师有机会分享自己的教学案例，并听取其他教师的意见和建议。同时，也可以通过建立教师资源库、教师专业交流平台等方式，将教学案例整理和共享给其他教师使用。

教学案例的收集和分享不仅对教师个人的教学发展有益，也对整个教师团队的共同进步起到积极的促进作用。通过分享教学案例，教师之间可以进行交流和合作，互相借鉴和学习，共同提高教学水平和质量。这种协作与分享的精神能够促进教师之间的互动和合作，形成良好的学习和成长氛围。

（三）培训视频

在高职英语教师培训模式中，为了帮助教师观摩和学习优秀的教学实践，可以录制和分享优秀教师的授课视频。这些培训视频可以供教师观摩和学习，帮助他们提升教学能力和教学效果。

培训视频的录制和分享是通过录制和分享优秀教师的授课视频，为教师提供观摩和学习的机会，帮助他们深入理解和应用优质的教学实践。

培训视频可以录制优秀教师的授课过程，以展示他们的教学技巧和方法。这些优秀教师可以是具有丰富经验和成果的资深教师，也可以是在某个领域或教学方法上有独特见解的新锐教师。通过录制他们的授课视频，教师可以观摩到他们的教学实践，借鉴他们的教学技巧和经验。

培训视频的分享可以通过建立教师资源库、在线教学平台等方式进行。教师可以将自己或其他教师的优秀授课视频上传至资源库或平台，供其他教师观摩和学习。同时，也可以通过专门的教师培训网站或社交媒体平台分享这些视频，以便更多的教师能够受益于这些教学实践。

培训视频的录制和分享有助于教师从多个角度了解和学习优秀教师的教学实践。教师可以观摩他们的教学过程，注意到他们的教学策略和技巧，并思考如何运用到自己的教学中。通过这种观摩和学习，教师能够不断提升自己的教学能力和教学效果。

但在使用培训视频时，教师需要注意一些问题。要确保录制的视频质量良好，包括画面清晰、声音清晰等方面；要尊重教师的隐私权，确保获得他们的同意后再进行分享；教师在观摩和学习优秀教师的教学实践时，要注意从中提取有益的教学经验和方法，而不是简单地模仿。

第三节 高职英语教师发展路径探索

高职英语教师是承担高职院校英语教学任务的重要角色之一。随着社会经济的发展和全球化进程的加快，对英语人才的需求越来越高。因此，高职英语教师的培养和发展变得尤为重要。

一、专业知识与能力的提升

作为一名高职英语教师，首先需要具备扎实的专业知识和教学能力。以下是几个提升专业知识与能力的途径：

（一）学历提升

高职英语教师可以通过攻读硕士、博士学位来提升自己的学术水平和教学能力。这样不仅可以增加自己的知识储备，还能更好地应对教学中的各种挑战。

通过攻读硕士、博士学位，高职英语教师可以深入研究教育学、语言学、应用语言学等相关领域的理论与实践，拓宽自己的学术视野，提高专业素养。在学习过程中，教师们将接触到更多前沿的教育理念、教学方法和最新的研究成果，从而能够更好地把握时代发展趋势，为学生提供更有质量的教育。

除了学术水平的提升，学历提升还有助于高职英语教师的个人发展和职业晋升。在现代社会，学历往往被视为一个人综合素质和专业能力的重要标志。拥有较高的学历可以增加教师的竞争力，为他们争取更好的职位和待遇提供有利条件。学历提升也有助于教师与其他领域的专家进行交流与合作，促进教育研究和教学改革的发展。

（二）参加培训和研修

定期参加教师培训和研修活动，如学术会议、讲座、研讨会等，可以了解最新的教学理念和方法，与同行进行交流和分享经验。这样可以帮助高职英语教师不断更新自己的教学观念和教学技能。

教育领域的知识和教学方法在不断更新和演进，通过参加各种培训和研修活动，教师们可以及时了解到最新的教学理念、教育政策和教育技术的发展趋势。这些活动通常由教育机构、学术组织或专业团体组织，提供了一个与同行交流和学习的平台。

参加培训和研修活动可以帮助高职英语教师不断更新自己的教学观念和教学技能。在这些活动中，教师们可以接触到各种前沿的教学理论和实践经验。他们可以了解到不同教育领域的最新研究成果，掌握应用于教学实践的有效方法和策略。通过与其他教师的交流和分享，教师们可以借鉴他人的成功经验，发现自己的不足之处，并进行改进和提升。

参加培训和研修活动还可以拓宽高职英语教师的专业视野。在这些活动中，教师们可以与来自不同地区、不同学校的教育工作者进行交流和互动。通过与其他教师的交流和互动，教师们可以了解到不同背景和经验的教育实践，拓展自己的思维方式和教学策略。同时，参加学术会议和研讨会也有助于建立教师之间的良好关系和合作网络，促进教育领域的合作和发展。

（三）积累教学经验

在实际教学中，积累丰富的教学经验也是提升专业能力的重要途径。高职英语教师可以通过多参与教学实践、指导学生参加各类英语竞赛等方式来提升自己的教学水平。

通过实际教学实践，教师们能够亲身体验到教学中的各种情境和问题，并在不断尝试和总结中提高自己的教学能力。在教学实践中，教师们可以观察学生的学习情况和反应，根据实际情况调整教学策略和方法，从而更好地满足学生的需求。同时，通过与学生的互动和交流，教师们可以了解到学生的学习特点和困难，进一步改进自己的教学内容和方式。

参加英语竞赛可以激发学生的学习兴趣和积极性，同时也为教师提供了一个锻炼自己教学能力的机会。在指导学生参加竞赛的过程中，教师们需要全面了解竞赛的要求和评判标准，制订有效的备考计划和教学方案。通过与学生的密切合作和指导，教师们可以深入了解学生的学习需求和问题，并根据实际情况进行有针对性的辅导和指导。教师们也可以从学生的竞赛经验中总结教学方法和策略，不断完善自己的教学理念和教学技能。

除了教学实践和竞赛指导，高职英语教师还可以通过其他途径积累教学经验。例如，参与教学研究项目、编写教材、担任教研组长等，都可以为教师提供更广阔的发展空间和机会。通过这些活动，教师们可以深入研究和思考教育问题，与同行进行交流和合作，从而丰富自己的教学经验和专业知识。

二、学科研究与教学改革

除了专业知识和能力的提升，高职英语教师还应积极参与学科研究和教学改革，不断推动自身的发展。以下是几个方面的探索：

（一）学术论文发表

高职英语教师可以通过撰写学术论文，并尝试在相关期刊上发表。这有助于提升个人的学术影响力和研究能力，同时也能为教学改革提供理论支持。

撰写学术论文可以促使教师深入研究和思考教育问题。通过对特定主题进行系统性的研究和分析，教师们可以更加全面地了解该领域的理论基础和实践经验。在撰写过程中，教师们需要进行大量的文献调研和资料收集，提高自己的信息获取和分析能力。撰写论文还需要进行逻辑思维和论证，增强教师的批判性思维和问题解决能力。

学术论文的发表可以提升高职英语教师的学术影响力和研究能力。学术论文是教师学术成果的体现，也是评价教师学术水平和专业素养的重要依据。通过在相关期刊上发表论文，教师们可以与同行进行交流和互动，扩大自己的学术影响力。论文的发表也为教师提供了更多的研究机会和合作伙伴，推动教育领域的研究和创新。

学术论文的发表还能为教学改革提供理论支持。教学改革需要有基于研究和实践的理论指导，而高职英语教师的学术论文可以为教学改革提供相关的理论支持和实证研究。通过对教学方法、课程设计、评估体系等方面进行研究和分析，教师们可以提出具有针对性的改革建议和措施。这些理论支持和实证研究对于推动教学改革的落地和实施起到重要的推动作用。

然而，撰写学术论文并不是一件容易的事情。教师们需要具备扎实的学科知识和研究能力，同时还需要花费大量的时间和精力进行调研、写作和修改。因此，高职英语教师在撰写学术论文时应注重选择适合自己研究方向和兴趣的课题，合理安排时间和任务，同时也可以寻求导师或同行的指导和协助。

（二）教材编写与评审

参与教材编写和评审工作，可以深入了解教材的设计和使用，同时也能将自己的教学经验和观点融入教材中，为学生提供更好的学习资源。

教材是教学过程中不可或缺的重要组成部分。它们不仅提供了学生学习的内容和指导，还影响着教师的教学方式和学生的学习效果。

参与教材编写工作，教师们可以深入了解教材的设计和制作过程。他们需要对教材的结构、内容和教学目标进行详细的分析和研究，了解不同教材在教学实践中的应用效果。通过参与编写过程，教师们可以对教材的优缺点有更深入的认识，并提出改进建议。教师们还可以通过编写教材，将自己的教学经验和观点融入教材中，使其更贴近实际教学需求和学生的学习特点。

参与教材评审工作，教师们可以对已有教材进行全面的审查和评估。他们需要对教材的内容、难度、教学策略等方面进行分析和评价，判断其是否符合教学目标和要求。通过参与评审过程，教师们可以发现教材中存在的问题和不足之处，并提出改进意见。教师们还可以分享自己的教学经验和实践，为教材的改进提供宝贵的参考。

参与教材编写和评审工作不仅对教师个人有益处，也对学生有着积极的影响。一方面，教师们在参与教材编写过程中可以更好地理解教材的设计意图和使用方法，从而更有效地运用教材进行教学。另一方面，教师们将自己的教学经验和观点融入教材中，使其更贴近学生的实际需求和学习兴趣。这样可以为学生提供更丰富、实用和具有针对性的学习资源，促进学生的学习动力和学习效果。

然而，参与教材编写和评审工作也需要教师们具备一定的专业素养和研究能力。教师们需要了解教材编写的基本原则和方法，同时还需要关注最新的教育理念和教学研究成果。教师们还需要具备批判性思维和团队合作精神，与其他编写人员进行有效的沟通和协作。

三、职称评定与职业发展

高职英语教师可以通过职称评定来认可自己的专业水平和教学成果。以下是一些相关途径：

（一）申报职称

根据不同的职称评定标准，高职英语教师可以积极准备材料，申报相应的职称。这需要综合考虑个人的教学成果、学术研究和教学改革等方面的表现。

职称评定是高职英语教师职业发展的重要环节之一。不同的职称评定标准要求教师在教学成果、学术研究和教学改革等方面都有一定的表现和贡献。因此，教师们需要根据自己的实际情况，积极准备申报材料，以展示自己的教学能力和专业素养。

在申报职称时，教师们应该注重教学成果的展示。这包括学生的学习成果、教学评价和教学案例等方面的证明材料。教师们可以提供学生成绩、学生评价、教学设计和课堂观察记录等材料，以证明自己在教学过程中取得的成就和影响力。教师们还可以提供教学论文、教材编写和参与教学项目的材料，以展示自己在教学研究和改革方面的贡献。

教师们还应注重学术研究的展示。这包括发表的学术论文、参与的研究项目和获得的科研成果等方面的证明材料。教师们可以提供自己在相关领域的研究成果和创新思考，以展示自己在学术研究方面的能力和贡献。同时，教师们还可以提供与教学实践相关的研究成果，以证明自己的教学理念和方法具有科学性和可行性。

最后，教师们还应注重教学改革的展示。这包括参与的教学改革项目、教学团队工作和教学奖励等方面的证明材料。教师们可以提供自己参与的教学改革项目和课程开发经验，以展示自己在教学改革方面的贡献和影响力。教师们还可以提供获得的教学奖励和荣誉，证明自己在教学改革中取得的成就和认可。

（二）参与评教工作

参与高职院校的评教工作，可以深入了解评教标准和流程，并对自己的教学进行反思和改进。同时，也能够提高自己的评价能力和专业素养。

通过参与评教工作，教师们可以更加全面地了解评教的标准、流程和要求。他们可以熟悉评教指标体系，掌握评教所需的方法和技巧。教师们还可以了解学生的评价意见和建议，从而更好地了解学生的需求和期望，为教学改进提供有益的参考。

参与评教工作还可以促使教师对自己的教学进行反思和改进。在评教过程中，教师们需要对自己的课程内容、教学设计、教学方法等方面进行分析和评估。他们需要回顾自己的教学实践，发现存在的问题和不足之处，并积极采取措施加以改进。通过评教工作，教师们可以不断提升自己的教学水平和教育质量，为学生提供更好的教育服务。

参与评教工作还能够提高教师的评价能力和专业素养。在评教过程中，教师们需要对学生的学习成果、教学效果等方面进行客观、全面的评价。他们需要倾听学生的声音，理解学生的需求，并根据评估标准进行评价和反馈。通过参与评教工作，教师们可以提升自己的评价能力，培养客观公正的态度和能力。评教工作也能促使教师不断学习和更新教育理念，提高自己的专业素养。

参与评教工作也需要教师们具备一定的专业素养和责任心。教师们应该具备良好的沟通能力和团队合作精神，与评教团队和学生进行有效的交流和合作。教师们还需要保持教学的独立性和创新性，坚持以学生为中心的教育理念，为学生提供优质的教育服务。

（三）学术交流与合作

积极参与学术交流和合作，与国内外的同行建立联系，互相学习和借鉴。这有助于提升个人的学术影响力和开拓国际视野。

通过与国内外的同行进行学术交流，教师们可以了解最新的研究成果、教育理念和教学方法。他们可以参加学术会议、研讨会、学术讲座等活动，与其他教师进行面对面的交流和讨论。通过这些交流，教师们可以借鉴他人的经验和思路，拓宽自己的学术视野，提高自己的学术水平和专业素养。

参与学术交流和合作还可以为高职英语教师提供更多的合作机会和资源共享。教师们可以与其他教师组成学术研究团队，共同开展科研项目和教学改革工作。通过合作研究，教师们可以集思广益，汇聚各种专长和资源，提高研究和教学的质量和效果。教师们还可以通过合作交流，进行课程开发、教材编写等工作，为学生提供更丰富、实用和有针对性的学习资源。

特别是与国际同行的交流和合作，对于高职英语教师来说尤为重要。通过与国际同行的交流，教师们可以了解到国际上的最新教育理念和先进教学方法，拓宽自己的国际视野。他们可以参加国际学术会议、研讨会、讲座等活动，与其他国家和地区的教师进行交流和合作。这样可以促使教师们对自己的教学进行反思和改进，提高自己的教学水平和教育质量。与国际同行的合作还可以促进跨文化交流和理解，培养学生的国际视野和跨文化素养。

参与学术交流和合作也需要教师们具备一定的专业素养和沟通能力。教师们需要具备良好的学术素养和研究能力，以积极参与学术讨论和合作研究。

第九章 高职英语教学改革的实践与探索

第一节 高职英语教学改革的背景和意义

在过去的几十年里，高职英语教学一直存在一些问题，如传统的教学方式、教材内容的单一性等，已经不再适应当今社会的需求。因此，进行高职英语教学改革势在必行。

一、高职英语教学改革的背景

（一）全球化的影响

全球化进程的加速促使国际交流更为频繁，进而引发了对英语需求的增长。高职院校作为培养各类专业人才的重要阶段，必须更好地适应全球化的发展趋势，提供符合实际需求的英语教育。

随着全球化的不断深入，跨国企业的数量不断增加，国际合作和交流已成为常态。在这样的背景下，英语已经成为一种普遍使用的工具语言。无论是商务洽谈、科技创新还是文化交流，英语都是必备的沟通工具。因此，高职院校需要意识到这一点，将英语教育纳入教学体系中，并注重培养学生的英语能力。

高职院校可以通过改革教学内容和方法来提升英语教育质量。传统的英语教育模式过于注重语法知识和词汇量的积累，忽视了实际运用能力的培养。相比之下，现代化的英语教育应该更加注重听、说、读、写综合能力的培养，帮助学生融入全球化的环境。

高职院校可以加强英语教师队伍建设，提高教师的专业素质和教学水平。英语教师应该具备扎实的语言基础和丰富的教学经验，能够灵活运用不同的教学方法和技巧。高职院校还可以鼓励英语教师参与国际交流项目和教学研究，提升他们的跨文化交流能力和全球视野。

高职院校可以与企业和外国合作院校开展合作，为学生提供更多实际应用的机会。通过与企业合作，学生可以接触到真实的商务环境，提高自己的英语交流能力和跨文化沟通能力。与外国合作院校的交流则可以让学生更好地了解国际社会的需求和发展动态，增强自身的竞争力。

（二）教学方式的滞后

传统的高职英语教学方法主要侧重于对语法和词汇的灌输，而忽视了学生综合运用英语的能力培养。这种单一的教学方式已经滞后于时代发展的需求，无法满足学生在实际应用中的需要，也无法培养学生的实际应用能力。

传统的语法翻译法教学模式注重语法知识的讲解和习题练习，强调学生对文法规则的理解和应用。然而，在实际交流中，流利地表达思想和进行跨文化交流远比纠结于语法细节更为重要。因此，高职院校应当转变教学方法，注重培养学生的听、说、读、写能力，并通过真实场景和实践活动提高学生的交际能力和跨文化沟通能力。

传统的词汇记忆法过于机械化，缺乏与实际情境的联系。学生只是简单地记住词汇的意思和拼写，却没有掌握如何正确运用这些词汇。现代化的英语教育应该将词汇学习与语境相结合，通过真实语境的模拟和实践，使学生能够理解词汇的用法，并灵活运用于实际情境中。

传统的教学方式忽视了学生自主学习和实践的重要性。学生在课堂上被动接受知识，缺乏主动探索和独立思考的机会。现代社会对于终身学习和自主学习的要求越来越高。高职院校应该鼓励学生积极参与到英语学习中，提供多样化的学习资源和平台，让学生通过自主学习和实践来巩固和扩展英语能力。

最后，传统的评估方式也需要改进。传统的英语教育更注重笔试形式的考核，以测试学生对语法和词汇的掌握程度。然而，在现实生活中，学生更需要运用英语进行口头表达和交流。因此，高职院校应该采用多元化的评估方式，如口语考试、听力测试、写作任务等，全面评价学生的英语能力。

二、高职英语教学改革的意义

（一）培养适应全球化需求的人才

进行高职英语教学改革具有重要意义，可以更好地培养学生的国际交流能力，提高他们的全球竞争力。通过注重学生的综合运用能力培养，帮助他们在实际场景中熟练运用英语，适应全球化的需求。

全球化的发展使得国际交流变得频繁和紧密。各行各业都需要与国际合作伙伴进行沟通和合作，这就需要具备良好的英语能力。高职院校是培养各类专业人才的重要阶段，通过英语教育改革，可以提供符合实际需求的英语教育，培养适应国际化环境的人才。

英语作为一种全球通用的工具语言，在商务、科技、文化等领域都扮演着重要角色。高职英语教学改革可以注重培养学生的听、说、读、写综合能力，使他们能够流利地表达自己的思想和观点，并与国际合作伙伴进行有效的沟通和交流。这将使学生具备更广阔的发展空间，增强他们在全球竞争中的竞争力。

随着全球化的深入发展，不同国家和地区的文化交融越来越频繁。通过注重跨文化沟通的培养，学生将更好地了解其他文化的价值观和行为习惯，增强自身的包容性和适应能力，更好地适应多元化的工作和生活环境。

（二）推动教育教学改革的全面发展

高职英语教学改革是教育教学改革的重要组成部分，通过对高职英语教学的改进，可以推动整个教育教学体系的升级和完善。这将促进学校培养更多适应社会需求的优秀人才。

高职院校作为培养各类专业人才的重要阶段，其教育教学质量直接关系到社会对人才的需求和就业市场的供需情况。通过进行高职英语教学改革，可以提高学生的综合英语能力和实际应用能力，使他们更好地适应社会的发展需求。这将有助于提高学生的就业竞争力，为社会提供更多具备实际应用能力的优秀人才。

高职英语教学改革的推进还可以促进教育资源的优化配置和教学环境的改善。随着社会的发展，教育资源的分布不均衡和教学设施的落后已成为制约教育发展的重要因素。通过进行教学改革，可以更好地利用现代技术手段和教育资源，提升教育教学的效果和质量。同时，也需要加大对高职院校的投入，提供更好的教学设施和学习环境，为学生创造更好的学习条件。

高职英语教学改革的推进还可以促进教育国际化的发展。随着全球化进程的加快，国际交流与合作已成为常态。通过注重跨文化交流和多元化的教学内容，培养学生的国际视野和跨文化交流能力，有助于将高职院校打造成具有国际竞争力的教育机构。这将为学生提供更广阔的发展空间，增强他们在国际舞台上的竞争力。

第二节 教师角色的转变与能力培养

随着全球化进程的加快和国际交流的不断深入，培养高职的英语教师成为当今时代的迫切需求。高职英语教师需要具备多种能力，并随着教学环境的变化不断进行角色转变。

一、高职英语教师角色的转变

（一）从传统角色到现代角色的转变

在过去的教学中，英语教师通常被视为知识的传授者和指导者，主要通过讲授知识和进行评估来完成教学任务。然而，在当今信息爆炸的时代，学生可以轻松获得大量的英语学习资源，传统的教师角色已经无法满足学生的需求。因此，高职英语教师需要从知识传授者转变为学习的引导者和合作伙伴，激发学生的学习兴趣和主动性。

现代英语教师应该成为学习的引导者。他们不仅要传授知识，还要教会学生如何学习。这意味着教师应该帮助学生发展自主学习的能力，培养他们的学习策略和技巧。例如，教师可以教授学习方法，如阅读理解技巧、写作技巧和听力技巧，以帮助学生更好地掌握英语。同时，教师还应鼓励学生提出问题、独立思考和解决问题，以培养他们的批判性思维和创造力。

现代英语教师应该激发学生的学习兴趣和主动性。他们应该设计有趣和具有挑战性的课程内容，以吸引学生的注意力并激发他们的学习兴趣。教师可以利用多媒体技术、游戏化学习和实践活动等教学方法，使学生能够在轻松愉快的氛围中学习英语。教师还应该给予学生自主选择和决策的权利，让他们参与到学习过程中，培养他们的自信心和责任感。

（二）课堂到社区的转变

传统的英语教学通常局限在课堂内部，而高职的英语教师应该将教学延伸到社区和现实生活中。通过组织学生参与社区活动、进行实地考查等方式，教师可以帮助学生将所学的知识应用到实际情境中，增强学生的实践能力和社会责任感。

英语教师可以组织学生参与社区服务活动。例如，学生可以参加志愿者活动，为社区居民提供英语辅导或翻译服务。通过这样的活动，学生可以运用所学的英语知识与他人互动，并且意识到英语的实际应用价值。同时，学生也能够培养社会责任感和团队合作精神。

教师可以安排实地考查活动，让学生亲身体验英语在实际环境中的应用。例如，教师可以带领学生参观英语演讲比赛或国际会议，让学生接触到真实的英语交流场景，并鼓励他们主动与他人进行对话和互动。通过这样的实地考查，学生不仅能够提升自己的听说能力，还能够增强跨文化交际的能力。

教师还可以组织学生参与英语角或英语俱乐部等社区活动。这些活动提供了一个与其他英语学习者交流和分享经验的平台。学生可以通过与他人讨论、辩论和表演等方式来提高自己的口语表达能力，并且从他人的经验中获得启发和借鉴。这样的社区活动不仅能够丰富学生的英语学习经验，还能够培养他们的合作精神和领导能力。

教师可以利用社交媒体和网络资源，将学习延伸到虚拟社区中。通过创建在线讨论组、开设博客或发布学习视频等方式，教师可以与学生进行远程交流和互动。学生可以与来自不同地区和国家的学习者分享自己的想法和经验，扩大自己的语言环境和视野。

二、高职英语教师能力培养

（一）学科知识与教学技能

高职的英语教师首先需要具备扎实的学科知识和教学技能。他们应该对英语语言的结构、文化背景和教学方法有深入的了解，并且能够巧妙地运用这些知识来促进学生的语言学习。

高职的英语教师应该熟悉英语语言的结构。他们应该了解词汇、语法和句子结构等基本要素，并能够将这些知识清晰地传授给学生。他们还应该掌握各种不同的英语语境，如口语、写作和阅读，以便能够全面地指导学生在各个方面的英语学习。

高职的英语教师应该具备丰富的文化背景知识。英语不仅仅是一门语言，它还与英美文化紧密相连。因此，教师需要了解英语国家的历史、文学、艺术和社会习俗等方面的知识，以便能够在教学中引入相关的文化背景，让学生更好地理解和运用英语。

高职的英语教师还需要根据学生的不同特点和需求，灵活运用各种教学策略，如讲解、演示、互动和练习等，以激发学生的学习兴趣并提高他们的学习效果。

最后，高职的英语教师应该能够营造一个积极、互动和合作的学习氛围，鼓励学生自由表达和交流。教师还应该关注学生的学习进展，及时给予反馈和指导，帮助他们克服困难，提高学习效果。

（二）跨文化交际与跨学科合作

高职的英语教师应该具备跨文化意识和敏感性。他们应该了解不同国家和地区的文化差异，包括价值观、礼仪习惯、社会行为等方面的差异。这样，他们就能更好地理解学生的背景和思维方式，并且能够避免在教学中出现文化冲突或误解。同时，教师还应该鼓励学生分享自己的文化经验，以增进彼此的了解和尊重。

高职的英语教师应该能够将跨文化交际融入教学中。他们可以通过引入多样化的文化素材和话题，让学生了解并探索不同文化的特点和传统。教师还可以组织跨文化交流活动，如国际友好班级的合作项目、文化展示和交流活动等，让学生有机会与来自其他文化背景的学生交流，拓宽他们的视野并提高他们的跨文化交际能力。

同时，高职的英语教师还应该与其他学科的教师进行跨学科合作。他们可以将英语教学与其他学科的内容融合，创造出更丰富和综合的学习体验。例如，在英语课堂上引入科学、历史或地理等相关的话题，让学生通过英语来探索其他学科的知识。这样不仅可以增强学生对英语的兴趣和学习动机，还能够培养他们的跨学科思维能力和综合运用知识的能力。

（三）教育技术与自我发展

高职的英语教师需要紧跟教育技术的发展，掌握各种教学工具和软件的使用方法，以提高教学效果和效率。

高职的英语教师应该熟悉并善于运用教育技术工具。随着科技的不断进步，现代教育中出现了许多创新的教学工具和软件，如智能白板、在线学习平台、教育 App（应用程序）等。教师应该了解这些工具的特点和功能，并能够灵活地在课堂中运用它们，提升学生的学习体验和学习效果。通过利用教育技术工具，教师可以创造更丰富、互动和个性化的教学环境，激发学生的学习兴趣和积极性。

高职的英语教师还应该关注在线资源和网络学习的应用。互联网为教学提供了广阔的资源和交流平台，教师可以利用网络搜索引擎、在线词典、电子图书馆等工具来拓宽自己的教学素材和资源。教师还可以借助网络平台组织在线讨论、合作项目和虚拟实验等活动，促进学生的自主学习和合作能力的培养。

同时，高职的英语教师应该注重自我发展，不断学习和更新教育理念和教学方法。教育领域的知识和理论在不断演变，新的教育观念和研究成果也在涌现。因此，教师需要持续地进行专业发展，参加专业培训、研讨会和学术交流活动，了解最新的教育趋势和教学技术。通过与同行的交流和互动，教师可以汲取他人的经验和智慧，不断优化自己的教学方法和策略，提升自己的教育素养和职业能力。

第三节 高职英语教学课程设置和资源开发

高职英语教学是培养学生综合语言能力的重要环节，对于提高学生就业竞争力和适应国际化发展具有重要意义。为了有效地进行高职英语教学，需要合理设置课程，并开发丰富多样的教学资源。

一、课程设置

（一）教学目标的确定

高职英语教学的目标是培养学生的听、说、读、写和翻译等语言技能，提高他们的英语综合运用能力。根据学生的实际需求和职业定位，可以确定以下教学目标：

1. 提高学生的听力理解能力，使其能够听懂日常交流和工作中的英语对话

（1）学生能够听懂常见的日常英语会话，包括日常生活、社交和工作场景中的对话内容；

（2）学生能够理解并掌握一些常见的听力材料，如新闻报道、演讲和讲座等。

2. 培养学生的口语表达能力，使其能够自如地进行简单的口语交流；

（1）学生能够运用正确的语音、语调和语法结构进行简单的口语交流；

（2）学生能够表达自己的观点、意见和感受，并参与日常生活和工作中的简单对话。

3. 提升学生的阅读理解能力，使其能够读懂相关专业文献和技术资料

（1）学生能够阅读并理解与其所学专业相关的英文文章、报告和文献；

（2）学生能够提取关键信息，理解文章的主旨和要点，并运用所学知识进行分析和思考。

4. 培养学生的写作能力，使其能够撰写简单的商务信函和报告

（1）学生能够写出符合商务写作规范的简单信函和报告；

（2）学生能够表达清晰、准确的观点和建议，并使用恰当的词汇和语法结构进行表达。

5. 培养学生的翻译能力，使其能够进行简单的口译和笔译工作

（1）学生能够进行简单的口译，将中文口语转换成英文口语，并保持意思的准确传达；

（2）学生能够进行简单的笔译，将中文文本翻译成准确、通顺的英文文本。

通过达到以上教学目标，学生将能够在实际的职业环境中应用所学英语知识和技能，提高他们的综合运用能力，为未来的职业发展奠定坚实的基础。

（二）课程内容的设计

根据教学目标和学生的实际需求，可以设计以下课程内容：

1. 日常英语交流

（1）问候与自我介绍

在日常英语交流中，问候和自我介绍是非常基础且重要的部分。通过学习问候语和自我介绍的方式，学生可以更好地融入英语环境，与他人建立良好的沟通关系。

对于问候，学生需要掌握一些常见的问候语，如"Hello! How are you?" "Good morning/afternoon/evening!"等。同时，还要了解不同场合下的适当问候方式。例如在正式场合使用较为正式的问候语，在非正式场合使用更随意的问候语。

对于自我介绍，学生需要学会简洁而清晰地介绍自己，可以包括姓名、年龄、职业、兴趣爱好等基本信息，还可以提供其他相关的个人信息，如所属单位、专业领域等。

通过这样的学习，学生可以更加自如地进行日常英语交流，增强与他人的互动和沟通能力。这对于他们未来在社交、工作等方面都具有重要意义。

（2）信息询问与提供

在日常英语交流中，了解如何询问和提供个人信息、联系方式等是非常实用的技能。这些技能可以帮助学生更好地与他人建立联系，获取所需的信息。

对于信息询问，学生需要学会使用适当的句式和表达方式来询问对方的个人信息、联系方式等。例如，可以使用句式"May I ask..."或者"Could you please tell me..."来礼貌地询问对方的姓名、职业、电话号码等。同时，还要学会使用一些基本的疑问词，如"what" "where" "how"等，以便获得更具体的信息。

对于信息提供，学生需要学会如何清晰、准确地提供自己的个人信息、联系方式等。可以通过简洁明了的陈述方式，介绍自己的姓名、年龄、住址、电子邮件、手机号码等相关信息。

在教学过程中，可以通过情景模拟的方式让学生进行练习。给出一些情景，让学生在角色扮演中运用所学知识，进行信息的询问和提供。例如，在一次商务会议中，学生可以扮演销售代表，向客户询问联系方式；或者在一次旅行中，学生可以扮演旅客，向酒店前台提供个人信息。

（3）意见表达与讨论

在日常英语交流中，能够清晰、准确地表达自己的观点、意见和感受是非常重要的。这样可以使学生更好地与他人进行交流和互动，参与到各种讨论和沟通活动中。

对于意见表达，学生需要学会使用合适的词汇、句式和语法结构来表达自己的观点。可以使用一些常用的表达方式，如"I think..." "In my opinion..." "From my perspective..."等来引入自己的观点。同时，还要学会使用一些过渡词和连接词，如"moreover" "on the other hand" "however"等，以便更好地组织语言和表达逻辑关系。

对于讨论活动，学生需要学会积极参与和回应他人的观点。可以通过提出问题、发表评论、给予赞同或异议等方式来参与讨论。在讨论中，还要学会倾听他人的观点，并用适当的方式进行回应和互动。

在教学过程中，可以通过小组讨论、角色扮演等方式进行练习。给出一些话题，让学生在小组中交流和表达观点。例如，讨论一个有争议的问题，如"Should students wear uniforms?"，或者讨论一个社会热点话题，如"Should plastic bags be banned?"。

2. 职业英语技能

（1）面试技巧

在职业发展过程中，面试是一个重要的环节。学生需要掌握面试时常见的问题类型和回答技巧，以提升他们在面试中的表现和竞争力。

对于面试问题类型，学生需要了解常见的面试问题，如自我介绍、工作经验、优缺点、职业目标等。还要了解不同类型的面试，如行为面试、情境面试等，并有针对性地准备相应的问题。

对于回答技巧，学生需要学会清晰、有条理地回答面试问题。可以使用STAR 法则（Situation，Task，Action，Result）来组织回答，即描述具体的情境、任务及采取的行动和取得的结果。还要注重语言表达的准确性、流利性和逻辑性，避免模棱两可和夸大其词。

在教学过程中，可以通过模拟面试的方式让学生进行练习。给出一些常见的面试问题，让学生准备并进行模拟面试。教师可以扮演面试官的角色，进行评估和反馈，帮助学生发现问题并改进。

（2）商务谈判

在职业领域中，商务谈判是一项重要的沟通技能。学生需要掌握商务谈判中常用的表达方式、策略和技巧，以提升他们在商务谈判中的表现和成功率。

对于表达方式，学生需要学会使用礼貌而坚定的语言来表达自己的观点、意见和利益。可以使用一些常见的商务词汇和短语，如"we propose""our bottom line""let's find a win-win solution"等来引导谈判的进程。

对于策略和技巧，学生需要学会运用一些谈判技巧来达到自己的目标。例如，学习如何提出合理的要求、如何妥善处理冲突、如何寻找共同利益等。同时，还要学会倾听对方的观点和意见，灵活应对不同的情况和变化。

在教学过程中，可以通过角色扮演的方式让学生进行练习。给出一些商务谈判的情境，让学生扮演不同的角色，在模拟的环境中进行商务谈判。教师可以提供指导和反馈，帮助学生发现问题并改进。

（3）电话沟通

在职业领域中，学生需要掌握电话沟通的基本礼仪和技巧，以提升他们在电话沟通中的效果和专业形象。

对于基本礼仪，学生需要学会友好而专业地接听电话，并使用适当的问候语和自我介绍。同时，还要注意语速和语音的清晰度，以确保对方能够听懂自己的信息。

对于技巧，学生需要学会简明扼要地表达自己的目的和需求，避免冗长和废话。可以使用一些常用的短语和句型，如"May I speak to...?""Could you please..."等来传达自己的意图。同时，还要学会倾听对方的信息，并做出适当的回应和反馈。

在教学过程中，可以通过电话对话练习和模拟情景训练来帮助学生提升电话沟通技巧。给出一些具体的情境，如预约会议、查询信息、解决问题等，让学生进行电话对话的练习。教师可以提供指导和反馈，帮助学生改进沟通效果。

3. 专业英语

（1）专业词汇与术语

在职业领域中，掌握与所学专业相关的词汇和术语是非常重要的。学生需要学会识别、理解和运用这些专业词汇和术语，以提升他们在专业领域的语言能力和沟通效果。

对于专业词汇和术语，学生需要了解与所学专业相关的核心词汇和术语。可以通过课堂教学、教科书、学术论文等渠道进行学习。还要学会使用词汇学习工具，如词汇卡片、在线词典等，来巩固和扩展自己的专业词汇量。

在词汇运用方面，学生需要学会将专业词汇和术语运用到实际语境中。可以通过编写专业性的句子、段落，或者进行模拟情景对话，来加强词汇的应用能力。

在教学过程中，可以通过课堂讲解、课外阅读和小组讨论等方式来帮助学生学习和运用专业词汇和术语。教师可以提供实际的案例和材料，让学生在真实的专业环境中进行学习和练习。

（2）专业表达方式

在职业领域中，掌握使用专业语言进行表达是非常重要的。学生需要学会运用专业词汇、术语和表达方式，以准确、清晰地传达相关概念、观点和理论。

对于专业表达方式，学生需要了解专业领域的常用表达方式和句型结构。可以通过学习相关文献、期刊论文、专业书籍等来获取这些表达方式。同时，还要学会使用适当的逻辑连接词、过渡词和引述方法，以使自己的表达更加连贯和有说服力。

在写作方面，学生需要学会撰写专业性的文章、报告和文档。可以通过分析范例、进行写作任务和实践，以提高写作技巧和表达能力。还要注意文体的选择、段落结构的组织和语法、拼写等方面的准确性。

在口头表达方面，学生需要学会清晰、流利地表达自己的专业观点和意见。可以通过参与小组讨论、演讲、展示等活动来提升口头表达能力。在这些活动中，学生需要注意语音语调、用词准确性和表达的逻辑性。

在教学过程中，可以通过课堂讲解、写作指导和口语练习等方式来帮助学生学习和运用专业表达方式。教师可以提供实际案例和练习材料，引导学生进行实践和反馈。

4. 阅读理解

（1）相关专业文献阅读

学生需要学会有效地阅读和理解与所学专业相关的文章、报告和技术资料，以获取最新的行业信息和研究成果。

对于相关专业文献的阅读，学生需要掌握一些基本的阅读策略和技巧。例如，可以使用扫读和精读相结合的方式来快速获取整体信息和深入理解。还要学会分析文献的结构、主题句和段落组织，以帮助理解和归纳关键信息。

在阅读理解方面，学生需要学会提取和总结文章中的重点观点、实验结果、理论推导等。可以通过标记、摘要或笔记的方式来记录关键信息，并加深对文献内容的理解。还要学会分析作者的观点和论证，评估其可信度和适用性。

在教学过程中，可以通过课堂指导、小组讨论和案例分析等方式来帮助学生提高相关专业文献的阅读和理解能力。教师可以引导学生分析文献的结构和语言特点，并提供相关问题和讨论，以促进深入思考和知识交流。

（2）提取关键信息

在阅读理解过程中，学生需要能够准确地从文本中提取关键信息，理解文章的主旨和要点。这是一项重要的能力，可以帮助学生更好地理解和应用所读的文章。

对于提取关键信息，学生需要学会识别文章中的核心观点、论据和支持细节。可以通过标记、画线或摘要等方式将关键信息记录下来，以便后续参考和总结。同时注意区分主次信息，将重要的信息与次要的信息区分开来。

对于理解文章主旨和要点，学生需要学会分析文章的结构、段落组织和标题等线索。通过分析文章的引言、总结段落和关键词等，可以更好地把握文章的中心思想和关键信息。还要学会运用推理和归纳的能力，将各个部分的信息整合起来，形成完整的理解。

5. 写作能力

（1）商务信函

在职业领域中，掌握商务信函的写作能力是非常重要的。学生需要学会正确使用商务信函的格式、写作规范和常用句型，以有效地与商业伙伴、客户或同事进行书面沟通。

对于商务信函的格式，学生需要了解常见的商务信函结构，如称谓、引言、主体内容、结束语和署名等部分。同时，还要注意信函的排版和字体选择，使其整洁、易读。

对于写作规范，学生需要学会使用正式而礼貌的语言风格，避免使用口头化的表达和太过随意的语气。同时，还要注意语法和拼写的准确性，以保证信函的专业形象。

对于常用句型，学生需要学会运用一些常见的商务信函句型和表达方式。例如，在引言部分可以使用 "We are writing to inquire about..." 或者 "I am pleased to inform you that..." 等来引入信函的目的；在结束语部分可以使用 "Thank you for your attention" 或者 "Looking forward to your prompt reply" 等来表示感谢和期待回复。

在教学过程中，可以通过写作任务和实际案例分析的方式来帮助学生提高商务信函的写作能力。教师可以提供具体的写作任务，让学生练习撰写不同类型的商务信函，并提供指导和反馈。还可以分析实际的商务信函样本，让学生了解并分析其特点和优劣之处。

（2）报告和简历

在职业领域中，学生需要学会正确使用报告和简历的结构、语言风格和内容要点，以展示自己的专业能力和吸引潜在雇主或合作伙伴的注意。

对于报告的撰写，学生需要了解报告的基本结构，如标题、摘要、目录、引言、主体部分、结论和建议等。同时，还要学会使用清晰、准确的语言表达观点、分析数据和提出结论。还要注重报告的排版和图表的设计，使其易读且具有专业性。

对于个人简历的撰写，学生需要学会突出自己的教育背景、工作经验、技能和成就。可以通过列出关键的项目和成果来强调自己的能力和贡献。同时，还要注意简历的格式和长度，使其简洁、清晰且易于阅读。

在教学过程中，可以通过写作实践和反馈的方式来帮助学生提高报告和简历的写作能力。教师可以提供具体的写作任务，让学生练习撰写商务报告和个人简历，并提供指导和反馈。同时分析实际的报告和简历样本，让学生了解并分析其结构和内容要点。

6. 翻译能力

（1）口译基础

口译是一项重要的翻译技能，能够帮助人们在跨语言的交流中实现即时的沟通。学生需要学会口译的基本技巧和策略，以提高口译的准确性和流利度。

对于口译的基本技巧，学生需要学会有效地听取中文口语并转换为准确的英文表达。可以通过注意听讲者的发音、语调和语速等特点来捕捉信息。同时注重口译时的语法和词汇选择，使译文自然而准确。

对于口译的策略，学生需要学会运用一些常见的口译技巧。例如，可以使用同义替换、概括和补充等方式来转换口语内容。还要学会处理复杂句子和专业术语，保持逻辑的连贯性和专业性。

在口译练习中，可以选择一些简单的中文口语材料，并尝试将其转换为英文口语。可以通过模拟对话、角色扮演等方式进行练习。可以借助录音设备或者语音识别软件进行自我评估和反馈。

（2）笔译基础

笔译能够帮助人们跨越语言障碍，传递信息和文化。学生需要学会笔译的基本原则和技巧，以提高翻译的准确性和流畅度。

对于笔译的基本原则，学生需要遵循忠实、准确、通顺和得体的原则。要尽量保持源语言文本的意思和风格，并在翻译过程中注重语法、拼写和标点等方面的准确性。

对于笔译的技巧，学生需要学会有效地理解和转换中文文本，使其在英文文本中表达得准确而自然。可以通过词义辨析、上下文理解和文化背景知识等方式来解决语义和文化的转换问题。同时还要注意句子结构和段落组织，使译文具有良好的逻辑连贯性。

在笔译练习中，可以选择一些简单的中文文本，并尝试将其翻译成准确、通顺的英文文本。可以通过分段翻译、标注关键词和句子结构等方式进行练习。同时，可以借助翻译软件或者同行评审来获得反馈和改进。

通过以上课程内容的设计，可以帮助学生全面提升他们的综合运用能力，并为将来的职业发展做好准备。

二、资源开发

（一）教材的选择

高职英语教学需要选择适合学生水平和实际需求的教材。可以选择一些综合性教材和专业性教材相结合的方式，以满足学生的不同需求。同时，可以根据教学内容的设置，选取相关的教学资源进行补充。

1. 综合性教材

选择一本综合性英语教材，如《新视野大学英语》或《剑桥商务英语》等。这类教材通常包含听、说、读、写等方面的综合训练，适合提高学生的英语综合运用能力。教材中的听力材料可以涵盖日常生活、社交和工作场景中的对话和讲座，有助于培养学生的听力理解能力。

在教学过程中，教师可以根据具体情况适度调整教材的使用方式，并结合其他辅助教材和资源，使教学内容更加贴合学生的实际需求，提高教学效果。教师也可以根据教学进展和学生反馈，对教材进行适时的更新和调整，以保持教学的新颖性和有效性。

2. 专业性教材

根据学生所学专业的特点和要求，选择相关的专业英语教材，如《工程英语》《经济管理英语》等。这些教材会重点涉及与学生专业相关的词汇、术语和表达方式，有助于提升学生在专业领域的语言能力。教材中的阅读材料可以包括相关专业文献、报告和技术资料，帮助学生提高阅读理解能力和专业知识水平。

（二）实践性教学资源的建设

为了提高学生的实践能力和应用能力，可以建设一些实践性教学资源。例如，可以与相关企业合作，提供实习机会和项目实训，让学生在实际工作中运用所学知识和技能。还可以组织一些英语角、辩论赛和文化交流活动，为学生提供更多的实践机会。

1. 实习和项目实训

为了提升学生的英语应用能力和职业素养，学校可以与相关企业合作，安排学生进行实习。通过实习，学生能够亲身参与到实际工作中，将所学的知识和技能应用于实践，提高英语应用能力和专业素养。

在实习过程中，学生将有机会与专业人士进行交流和合作。他们可以运用英语完成各种实际工作任务，如与客户沟通、撰写报告、参与会议等。这不仅可以提高他们的口语和写作能力，还能培养团队合作、时间管理、问题解决等方面的能力。

除了实习，学校还可以开展项目实训。通过小组合作或个人项目，学生可以解决实际问题并完成相应的任务。项目实训能够培养学生的解决问题能力、创新思维和团队合作精神。同时，学生也能够运用英语与团队成员进行沟通和协调，提升英语应用能力。

为了有效地开展实习和项目实训，学校需要与相关企业建立合作关系，并制订实习计划和项目任务。教师可以担任导师的角色，为学生提供实践指导、反馈和评估。企业合作方也可以提供专业知识和实践经验的分享，为学生提供更全面的培训和指导。

学校还可以建立实践性教学资源库，收集和整理相关的实践案例、技术资料和行业报告等。这些资源可以用于学生的实习和项目实训，帮助他们更好地理解和应用所学的知识和技能。

2. 英语角和辩论赛

为了提升学生的口语表达能力和批判性思维，学校可以组织英语角活动和举办辩论赛，为学生提供一个英语交流和辩论的平台。

英语角是一个让学生自由交流和互动的场所，可以通过与他人对话、演讲和互动等方式来提升口语表达能力。在英语角活动中，学生有机会实践英语口语，并从与他人的互动中学习新的表达方式和文化背景知识。这样的活动可以帮助学生更加自信地运用英语进行交流，并提高听、说能力和跨文化交际能力。

辩论赛是一种培养批判性思维、逻辑思维和辩论技巧的有效方式。通过参与辩论，学生能够锻炼自己的辩论技巧、思辨能力和逻辑思维。辩论赛可以涉及各种话题，如社会问题、科技发展等，使学生能够以英语为媒介进行有深度的讨论和辩论。这不仅可以提高学生的口语表达能力，还可以培养他们的团队合作精神、逻辑思维和批判性思维。

为了组织英语角和辩论赛，学校可以设立相应的活动场所，并邀请教师或专业人士担任指导和评委。学校还可以提供相关的话题和资料，以及培训学生的辩论技巧和表达能力。同时，鼓励学生积极参与并提供合适的奖励和认可，以激发他们的热情和积极性。

3. 文化交流活动

为了提升学生的跨文化沟通能力和职业素养，学校可以组织各种形式的文化交流活动，如国际文化节、英语戏剧演出等。

文化交流活动可以让学生了解和体验不同的文化，增加他们对世界各地的多样性的认识。通过参与国际文化节或英语戏剧演出，学生有机会接触不同的艺术表达形式和文化传统，拓宽他们的视野和思维方式。这样的活动还可以培养学生的跨文化沟通能力，使他们更加适应跨国企业和国际合作的环境。

除了文化交流活动，学校还可以安排学生参观相关企业或机构，让他们了解行业发展和实际工作环境。通过参观工厂、公司或研究机构，学生可以亲身感受不同行业的运作和专业要求，并与业界专业人士进行交流和互动。这样的实践经历可以增强学生的实际工作感受和职业素养，使他们更好地理解自己所学专业的应用和前景。

为了组织文化交流活动和实地参观，学校可以与相关机构、企业或社区建立合作关系，并制订相应的计划和安排。教师可以担任组织者和引导者的角色，为学生提供相关背景知识和指导。学校还可以鼓励学生积极参与并提供合适的奖励和认可，以激发他们的兴趣和热情。

通过建设实践性教学资源，学生能够更好地将所学知识与实际应用相结合，提高实践能力和应用能力。这些实践机会不仅能够促进学生的专业发展，还可以增强他们的自信心和就业竞争力。同时，教师也需要积极引导和指导学生在实践中的学习和反思，以进一步提升他们的综合素质和职业能力。

第四节 学生参与度的提高与评估方法

高职英语教学的目标是培养学生良好的英语语言能力和实际应用能力，而学生的主动参与是有效教学的关键之一。通过积极参与，学生可以更好地理解和应用所学知识，提高学习效果。

一、提高学生参与度的教学改革方法

为了提高学生的参与度，可以采取以下几种教学改革方法：

（一）创设互动环境

创设互动环境是提高学生参与度的基础。教师可以通过设置讨论、利用多媒体技术等形式来促进学生之间的交流和合作。教师还可以利用多媒体技术，引入音频、视频等资源，增加教学的趣味性和互动性。

1. 讨论

在课堂中，教师可以引导学生进行有目的性的讨论。通过提出问题、分享观点和听取不同意见，学生可以主动参与到讨论中，增强他们的思维能力和表达能力。教师可以采用小组讨论、全班讨论或互动式讲解等形式，激发学生的思考和学习兴趣。

2. 多媒体技术

教师可以利用多媒体技术丰富教学内容，增加学习的趣味性和互动性。通过引入音频、视频、图片等资源，可以更好地吸引学生的注意力，激发他们的学习兴趣。例如，教师可以使用 PPT 演示文稿、在线教学平台或教育软件，创造出生动有趣的教学场景。

（二）设计启发式问题

在课堂上，教师可以设计一些启发式问题来引导学生思考和讨论。这些问题应该具有挑战性，能够激发学生的兴趣，并引导他们主动参与到学习过程中。通过解决问题，学生不仅可以巩固所学知识，还可以培养解决问题的能力和思维方式。

1. 挑战性

问题应该具有一定难度，能够激发学生的思考和探索欲望。问题不宜过于简单，也不宜过于复杂，要适当地匹配学生的知识水平和思维能力。挑战性的问题可以促使学生深入思考、独立探索，并从中获得成就感。

2. 开放性

问题应该是开放性的，能够引导学生展开多样化的思考和讨论。开放性问题没有一个确定的答案，鼓励学生提出自己的观点和想法，并进行合理的解释和辩证。这样的问题能够培养学生的批判性思维和创新能力。

3. 联系实际

问题应该与学生的日常生活或实际经验有关联，能够引起学生的兴趣和共鸣。通过将抽象的概念或理论与实际情境相结合，可以使问题更加贴近学生的生活，激发他们的学习兴趣和思考动力。

4. 多样性

设计一系列的启发式问题，涵盖不同的知识点和思维方式。问题可以是观察、比较、分析、解决问题等不同类型的，以满足学生多元化的学习需求。同时，教师还可以根据学生的回答和讨论情况，适时调整问题的难易度和深度。

二、评估学生参与度的方法

为了评估学生的参与度，可以采取以下几种方法：

（一）观察记录法

教师可以通过观察学生的课堂表现来评估他们的参与度。观察对象可以包括学生的注意力集中程度、积极回答问题的频率、参与小组活动的主动性等。通过观察记录，教师可以客观地评估学生的参与情况，并及时调整教学策略。

观察记录法是一种直接有效的评估学生参与度的方法。教师可以在课堂上仔细观察学生的行为和表现，以收集相关数据。以下是一些观察记录的指标和方法：

1. 注意力集中程度

教师可以观察学生是否专心听讲、眼神是否注视着教师或黑板、是否频繁分心或走神等。这些观察可以帮助教师了解学生对课堂内容的关注程度和理解程度。

2. 积极回答问题的频率

教师可以记录学生回答问题的次数和质量。这可以反映学生对课堂问题的参与程度和思考能力。教师可以通过设置提问环节，并鼓励学生积极回答问题来观察和记录。

3. 小组活动的主动性

教师可以观察学生在小组活动中的表现，包括是否积极参与讨论、是否主动提出意见和建议、是否与组员合作等。这可以反映学生在协作和合作中的参与度和贡献程度。

观察记录法需要教师具备细致观察和记录的能力，并进行准确的分析和判断。教师可以使用观察记录表或记事本来记录学生的参与情况，以便后续分析和评估。

需要注意的是，观察记录法虽然直接有效，但仍存在主观性和局限性。因此，在评估学生参与度时，教师应结合其他评估方法，并多角度综合考量，以获得更全面和客观的评估结果。

（二）成绩评定法

除了课堂表现外，教师还可以将学生的参与度纳入成绩评定体系中。例如，可以设立课堂参与分，根据学生在课堂上的表现给予相应的加分。这样一来，学生就会更加重视课堂参与，主动投入到学习中。

通过将学生的参与度纳入成绩评定体系中，教师可以通过正式的考核方式激励学生参与课堂活动。以下是一些具体的实施方法：

1. 设立课堂参与分

教师可以设置一个专门的指标或百分比，用于评估学生在课堂上的参与程度。例如，可以根据学生的回答问题次数、提出问题的质量、小组活动的积极性等进行评分。

2. 参与度占比适当

为了保持成绩评定的公平性和权衡各项指标的重要性，教师可以合理设定课堂参与分所占的比例。这样可以确保学生的参与度得到适当的重视，同时不会过分偏离其他考核项目的权重。

3. 考核方式多样化

教师可以采用不同的方式对学生的参与度进行考核。除了口头回答问题和小组活动外，还可以包括书面回答问题、课堂笔记、个人报告等形式。通过多样化的考核方式，能够更全面地评估学生的参与度和表现。

需要注意的是，将学生的参与度纳入成绩评定体系中应该合理而公正。教师在设立课堂参与分时应当明确标准，并与学生进行充分的沟通和解释，以确保评分的公平性和透明性。教师还应该根据学生的实际情况和学科特点来确定参与度的权重，避免过分强调参与度而忽视其他方面的能力和知识。

第十章 高职英语教学改革的效果评价

第一节 教学改革效果评价的重要性

一、激励教师专业发展

教师是教育事业的中坚力量，他们的专业发展对于提升教育教学质量具有重要意义。然而，在现实中，一些教师在专业发展方面面临挑战和困境，缺乏动力和机会进行进修和提升。

（一）提供良好的职业发展空间

1. 搭建晋升通道

为激励教师的专业发展，需要提供良好的职业发展空间，其中一个重要举措是搭建晋升通道。通过建立合理的晋升机制和评价体系，为优秀的教师提供晋升的机会和平台，以激励他们积极投入工作，不断提升自身的教学水平和教育教学能力。

可以设立学科带头人、年级组长、教研组长等职务，为教师提供晋升的机会。这些职务可以通过评价教师在教学成果、师德表现等方面的综合评价来确定。教师通过取得一定的教学成果，并展现出较高的教育教学水平和领导能力，就可以晋升到更高级别的职务。这样的晋升通道可以激励教师不断提升自己，争取更好的职业发展。

建立科学公正的评价体系，对教师的教学成果进行评估。评价指标可以包括教学效果、学生反馈、教学创新等方面。通过评价结果，给予教师相应的晋升机会和发展空间。同时，要注重评价的公正性和客观性，避免主观因素对评价结果的影响，确保教师的评价是真实可信的。

可以鼓励教师参与学术研究和教育改革实践，为他们提供更广阔的职业发展空间。教师可以参与科研项目、撰写教育论文、申报教育教学奖项等，通过积极参与学术研究来提升自身的专业水平。同时，鼓励教师参与教育改革实践，积极探索教学模式和方法的创新，为教育事业的发展做出贡献。

2. 提供多样化的岗位选择

为激励教师的专业发展，除了提供晋升通道外，还可以通过提供多样化的岗位选择来激发教师的工作热情和创造力。为教师开设校本研究员、课程设计师、教育咨询师等特殊岗位，为他们提供更多的发展机会和发挥空间。

设立校本研究员岗位。校本研究员是指负责学校内部教育研究和改进工作的教师。这些教师可以参与学校内部的教育研究项目，针对学校存在的问题进行深入调查和分析，并提出相应的改进方案。通过参与研究和实践，这些教师能够积累丰富的教育经验，提高自身的教育教学水平。

设立课程设计师岗位。课程设计师是负责设计和改进学校课程的教师。他们可以参与学科课程的设计、制订和评估，根据学科特点和学生需求，设计出具有创新性和适应性的课程内容和教学方法。通过参与课程设计，教师可以不断完善自己的教学理念和教学能力，提高课堂教学效果。

设立教育咨询师岗位也是一种激励教师专业发展的方式。教育咨询师是负责为其他教师提供教育教学指导和咨询服务的专业人员。他们可以根据其他教师的需求和困惑，提供个性化的教学指导、解决问题的方案等，帮助其他教师提升教学水平和解决教学中的难题。教育咨询师还可以开展教师培训和教育研讨活动，促进教师之间的交流与合作。

（二）建立激励机制

1. 奖励优秀教师

可以设立荣誉称号来表彰教师的卓越贡献。例如，学校可以设立年度最佳教师、优秀教育工作者等荣誉称号，并在相关场合进行颁奖典礼，向获奖教师致以嘉奖和赞扬。这种荣誉称号的设立可以激发教师的工作热情，增强他们的职业荣誉感和使命感。

可以通过奖金的形式激励优秀教师。设立教师绩效奖金或教学成果奖金，对在教学中表现出色、取得显著成绩的教师给予经济上的奖励。这样的奖金制度能够激励教师更加努力地投入到教学工作中，进一步提高他们的教学质量和专业能力。

可以通过晋升机会来激励优秀教师。设立晋升制度，为表现出色、具备丰富教学经验和较高教育教学水平的教师提供晋升的机会。晋升可以是职务上的升迁，如校级管理岗位，也可以是学术地位上的提升，如研究员等。这种晋升机会可以激励教师不断提升自身的专业素养和能力，为教育事业做出更大的贡献。

2. 提供职业发展补贴

为激励教师的专业发展，可以通过提供职业发展补贴来支持他们参与各种专业发展活动。这些补贴包括培训费用、学术研究经费、参加学术会议的差旅费等，旨在减轻教师的经济压力，鼓励他们积极参与并投入到专业发展活动中。

通过提供培训费用的补贴，可以支持教师参与各类专业培训课程和学习班。这些培训课程可以涵盖教育教学的最新理论、技能和方法，帮助教师不断更新知识，提高教学水平。通过给予培训费用的补贴，可以减轻教师参与培训的经济负担，鼓励他们积极参与，并从中受益。

提供学术研究经费的补贴可以支持教师开展科研项目和教育研究工作。科研和教育研究是促进教师专业成长和教育事业发展的重要途径。通过提供经费支持，可以帮助教师开展科研活动，进行实证研究、撰写论文等，提升教师的学术水平和专业能力。

为教师提供参加学术会议的差旅费补贴也是一种激励措施。学术会议是教师与同行交流、学习最新研究成果、拓宽视野的重要机会。然而，参加学术会议需要支付差旅费用，对教师来说可能存在经济压力。通过提供差旅费的补贴，可以减轻教师的负担，鼓励他们积极参加学术会议，获取新知识，提高自身的专业素养。

3. 推行评价和考核制度

建立科学合理的教师评价和考核制度，将教师的专业发展纳入绩效考核的范畴，可以激励教师不断提高自身的专业水平。

教师的工作质量是评价和考核的重要指标之一。可以通过定期的教学观摩、课堂评估等方式对教师的教学质量进行评价。这包括教学目标的达成情况、教学方法的灵活运用、学生参与度和学习效果等方面的评估。通过评估结果，对教师的教学质量进行量化评价，以激励他们在教学过程中不断追求卓越。

教师的教学成果也是评价和考核的重要内容之一。教学成果可以包括学生的学业表现、学科竞赛获奖情况、教学论文的发表等。通过评估教师在教学方面取得的成果，可以激励他们在教学中不断探索创新，提高教学质量，并为学生的学习成果贡献更多。

评估教师的专业能力也是重要的一环。专业能力包括学科知识水平、教育教学理论和方法的应用能力、教育技术的运用等方面。可以通过教师自我评估、同行评估、专家评估等方式对教师的专业能力进行评价。通过评估结果，鼓励教师不断学习和提升自身的专业素养，以适应教育发展的需求。

二、推动教学改革的持续发展

教学改革是推动教育发展和提高教育质量的重要举措，而评价教学改革的效果对于推动教学改革的持续发展至关重要。

（一）总结经验和问题

通过评价结果，可以总结教学改革的经验和问题，为下一阶段的教学改革提供参考和借鉴。评价还可以发现教学改革中存在的问题和挑战，促进教师之间的交流与合作，推动教学改革的深入实施。

评价教学改革的效果可以总结出教学改革的成功经验。通过收集并分析评价数据，可以了解哪些教学方法、教材或教学资源在实际应用中取得了良好的效果。例如，某种教学方法能够激发学生的兴趣和积极性，提高他们的学习效果；某个教材或教学资源能够有效地满足学生的学习需求，提升他们的语言能力等。这些成功经验的总结可以为其他学校和教师提供宝贵的借鉴，促进整个高职英语教学改革的持续发展。

评价教学改革的效果也能够揭示出教学改革中存在的问题和挑战。评价结果可能会发现教师教学水平不够高、教材内容不够贴近实际应用、学生学习态度不积极等问题。这些问题的发现有助于教育管理者和教师们进一步思考如何解决这些问题，完善教学改革的方向和策略。例如，针对教师教学水平的问题，可以通过提供培训和专业发展机会来提高其教学能力；针对教材内容的问题，可以进行调整和更新，以更好地满足学生的需求；针对学生学习态度的问题，可以采取激励措施或开展学习指导，提高学生的学习动力和参与度。

评价教学改革的效果还可以促进教师之间的交流与合作。在评价过程中，教师们可以分享自己的教学经验和心得，互相学习借鉴。他们可以讨论教学改革的成果和问题，并共同探讨解决方案。这种交流与合作可以形成良好的教学改革氛围，激发教师们的教学热情和创造力，推动教学改革的深入实施。

（二）提供参考和借鉴

评价教学改革的效果可以为教师和教育管理者制订合理的教学改革方案提供指导。通过分析评价结果，可以了解哪些教学方法、教材或教学资源在实际应用中取得了良好的效果。这些成功经验可以作为借鉴和参考，为教师和教育管理者提供具体的实践策略和操作指南。例如，评价结果显示某种教学方法能够激发学生的兴趣和积极性，那么其他学校可以尝试采用类似的教学方法来提高学生的学习效果。

评价教学改革的效果可以为其他高职院校提供经验分享和借鉴。通过总结和分析成功案例，可以形成一批可供借鉴的教学模式和经验。这些经验分享可以通过学术交流、研讨会、教育论坛等形式进行，让其他高职院校了解到成功的教学实践和经验，从而在自身的教学改革中加以借鉴和应用。

评价教学改革的效果可以激发教师的创新思维和教学热情，推动教学改革的深入实施。评价结果不仅可以反映教学改革的成果，也会揭示出一些问题和挑战。教师可以通过分析这些问题和挑战，进一步思考如何改进和创新自己的教学方法和策略。同时，教育管理者也可以根据评价结果，提供相应的支持和资源，鼓励教师进行教学创新，并为他们提供专业发展机会。

最后，评价教学改革的效果还可以为教育政策制定者提供决策依据。评价结果可以反映出整体的教学改革效果和趋势，为教育政策制定者提供重要参考。基于评价结果，政策制定者可以调整和优化相关政策，促进教学改革的长期发展。例如，如果评价结果显示某个政策或措施对教学改革产生了积极的影响，那么政策制定者可以考虑进一步推广这个政策或措施。

（三）推动深入实施

评价结果可以激励教师们不断改进教学方法和教学内容，提高教学效果。通过评价，教师可以了解自己在教学改革中的表现和成效，从而认识到自身的优势和不足之处。这种反思和自我评估有助于教师意识到需要改进的方面，并积极寻找适合的教学策略和方法。评价结果可以为教师们提供指导和建议，鼓励他们在教学实践中不断创新和改进，以提高教学质量和培养学生的综合素质。

评价也可以为教育管理者提供决策依据，调整教学改革的策略和方向。评价结果可以揭示出教学改革中存在的问题和挑战，如教师教学水平、学生学习态度等方面的问题。教育管理者可以根据评价结果，制定相应的措施和政策，提供教师培训和专业发展机会，以提升教师的教学能力。同时，针对学生学习态度的问题，可以通过改进教学内容、创设积极的学习环境等方式来激发学生的学习兴趣和动力。评价结果为教育管理者提供了有针对性的建议，使其能够更好地指导和支持教学改革的深入实施。

第二节 效果评价的方法与工具

高职英语教学改革是指针对高职院校英语教学过程中存在的问题和需求进行的一系列改革措施。而对于这些改革措施的效果评价，可以帮助教育机构和教师们了解改革的成效，进一步优化教学方案，提高教学质量。

教学效果评价是教育改革的重要环节之一，它能够客观地反映教学改革的成效，发现问题并及时进行调整和改进。通过教学效果评价，教育机构和教师们可以深入了解学生的学习情况和教学过程中的问题，为后续的教学改革提供有力的参考依据。

一、教学效果评价的方法

（一）学习成绩评价

学习成绩评价在教育中扮演着重要的角色。它是一种直观的评估指标，通过对学生的期末考试成绩、平时作业成绩等进行统计和分析，可以客观地反映学生的学习情况和表现水平。学习成绩评价也能够评估教学改革对学生学习成绩的影响，为进一步改善教学质量提供依据。

通过对学生的期末考试成绩进行分析，可以了解学生对所学知识的掌握情况。期末考试通常是对整个学期所学内容的综合检验，它能够全面评估学生的学习成果。通过对考试成绩的统计和比较，可以发现学生的优势和不足之处，为教师制订有针对性的教学策略提供参考。还可以将不同学生的考试成绩进行对比，找出学习成绩相对较差的学生，并及时采取措施来帮助他们提升学习水平。

平时作业成绩也是评估学生学习情况的重要依据。平时作业通常是对学生掌握知识和运用能力的考查，通过对作业成绩的分析，可以了解学生对知识的理解程度、学习态度以及解决问题的能力。同时，还可以及时发现学生在学习过程中存在的问题和困难，并及时提供帮助和指导。通过对平时作业成绩的评价，教师可以调整教学策略，使学生更好地掌握所学内容。

学习成绩的变化情况也是评估教学改革长期效果的重要依据。通过对学生学习成绩的历史数据进行比较和分析，可以了解教学改革对学生成绩的影响是否持久和稳定。如果学生成绩有明显的提升或者稳定在一个较高水平，那么说明教学改革取得了积极的效果；反之，如果学生成绩没有明显提高或者波动较大，就需要进一步检视教学改革的可行性和有效性，并根据实际情况进行调整和优化。

（二）学生评价

学生评价是一种广泛应用的评价方法，它通过向学生征求他们对教学改革的看法和反馈，旨在了解他们对教学改革的接受程度和满意度。学生评价可以采用多种方式进行，如问卷调查、小组讨论等，以获取更全面和客观的结果。

学生评价能够直接获得学生对教学改革的看法和意见。通过问卷调查，学生可以自由表达对教学改革的认知、感受和建议。他们可以评价教学改革对他们学习效果的影响，提出对教学内容、教学方法、教材选用等方面的意见和建议。这样，教师可以了解学生对教学改革的态度和期望，为进一步改进教学工作提供参考。

学生评价可以了解学生对教学质量的满意度。通过评价教学过程中的教师教学态度、教学方法的有效性、课堂氛围等方面，学生可以客观地反映对教学质量的评价。他们可以提供有关教师教学水平、教学资源的充足性、教学环境的舒适度等方面的反馈意见。这些评价可以帮助教师发现自身存在的问题，及时进行改进，提高教学质量和学生满意度。

学生评价还能够促进学生参与教学改革的主动性。通过组织小组讨论、座谈会等形式，学生可以积极参与到教学改革的讨论中，发表自己的观点和建议，参与决策过程。这种参与感和归属感能够激发学生的学习兴趣和动力，促进他们对教学改革的认同和支持。

（三）教师评价

教师评价是指教师对自身教学改革的评价和反思。通过自我评价和同行评价的方式，教师可以全面了解自己在教学改革中的表现和效果，并进一步优化教学方法和提升教学质量。

自我评价是教师评价的重要方式之一。教师可以回顾自己在教学改革中的付出和努力，对自己的教学方法、教学设计、教学资源等方面进行自我评估。通过反思教学过程和结果，教师可以发现自身存在的问题和不足之处，并制订相应的改进措施。教师还可以借助学生的反馈意见，了解学生对自己教学的评价和期望，以便更好地满足学生的需求和提高教学效果。

同行评价也是教师评价的一种重要方式。教师可以邀请同事或专家对自己的教学进行评价，听取他们的建议和意见。同行评价可以通过课堂观摩、教学讨论等形式进行，教师可以从中获取对自己教学改革的客观反馈，并借鉴其他教师的优秀经验和做法。这种交流与合作有助于激发教师的创新思维和教学热情，推动教学改革的不断深入。

二、教学效果评价的工具

（一）问卷调查

问卷调查是教学效果评价中常用的一种工具，通过向学生、教师和其他相关人员发放问卷，并征求他们的意见和反馈，以评估教学效果。

问卷调查可以收集到广泛的观点和意见。通过设计合理的问题，可以获取学生对教学方法、教材使用、教学资源等方面的评价。教师可以了解学生对课堂教学的满意度、教材的质量和适用性，以及教学资源的可用性等方面的看法。教师也可以从学生的反馈中获取有关自身教学的改进建议，提高教学质量和效果。

问卷调查具有较高的效率和便捷性。通过在线问卷或纸质问卷的方式，可以迅速收集大量的数据。教师可以根据需要灵活选择问卷的发送方式，并在合适的时间进行调查。问卷调查还能够保护受访者的隐私，使得受访者更加愿意真实回答问题，提供客观的评价意见。

问卷调查还具有一定的标准化和量化的特点。通过设计合理的问题和选项，可以将意见和反馈转化为可量化的数据。这样，教师可以对收集到的数据进行统计和分析，得出结论和建议。问卷调查还可以进行跨年级、跨学科的比较，以便更全面地评估教学效果。

在使用问卷调查时需要注意一些限制和注意事项。问卷调查只能收集到受访者的主观意见，可能存在一定的主观偏差；问卷调查结果受到受访者回答的诚实程度和理解能力的影响，因此在设计问卷时应尽量避免模糊的问题和选项；问卷调查也需要注意样本的选择和代表性，以保证评价结果的准确性和可靠性。

（二）小组讨论

小组讨论是一种互动性较强的评价工具，通过分组讨论的方式，让学生和教师们就教学改革的效果进行交流和分享。小组讨论能够促进不同观点的碰撞和思想的交流，从而获得更全面、深入的评价结果。

小组讨论可以激发学生的主动性和参与度。在小组讨论中，学生可以自由表达对教学改革的看法、意见和建议。他们可以分享自己的学习经验，提出对教学方法、教材使用、教学资源等方面的观点。通过与同学的交流和讨论，学生可以不断拓宽自己的视野，开阔思维，增强学习的积极性和创造性。

小组讨论能够促进多元观点的融合。在小组讨论中，来自不同背景和层次的学生和教师会聚在一起，彼此之间的观点和经验可以相互补充和丰富。学生和教师可以共同探讨教学改革的优势和不足之处，寻找解决问题的方法和策略。这种多元观点的融合能够促进深入思考和全面评价教学改革的效果。

小组讨论还可以培养学生的合作能力和团队意识。在小组讨论中，学生需要相互协作，共同解决问题。他们需要倾听他人的观点，表达自己的想法，并通过讨论和辩论找到最佳的解决方案。通过这样的合作过程，学生不仅能够提高自己的沟通和表达能力，还能够培养团队合作的精神和意识。

在进行小组讨论时需要注意教师要合理组织小组，确保每个小组成员都能够充分参与讨论并表达自己的观点；教师应该设定明确的讨论目标和规则，引导学生有序地进行讨论，避免讨论偏离主题或者陷入争论；教师还应该及时总结和归纳讨论结果，以便更好地汇总和分析评价结果。

（三）观察记录

观察记录是一种客观记录教学过程的工具，通过观察和记录教学中的细节和变化，来评估教学改革的实际效果。观察记录可以通过实地观察或者视频录制等方式进行，从而获得准确和详细的数据。

观察记录可以直接观察到教学过程中的实际表现和变化。通过实地观察，教师可以记录课堂教学的情况、学生的反应以及教师自身的教学行为等方面的信息。观察记录能够捕捉到教学过程中的关键细节和重要环节，如教师的授课方式、学生的参与度、教学资源的使用情况等。这样教师可以更加客观地了解自己的教学状态和效果，为教学改革的评价提供真实的依据。

观察记录可以提供详细和准确的数据。通过观察记录，教师可以记录下教学过程中的具体事件、学生的行为和表现等。这些记录可以帮助教师全面了解教学过程中的优点和不足之处，并为进一步改进教学提供具体的参考。同时，观察记录也可以作为数据的依据，通过对数据的统计和分析，教师可以得出更客观、准确的评价结论。

观察记录还可以促进教师自身的反思和成长。通过观察记录，教师可以回顾自己在教学过程中的表现，并与预期目标进行比较。教师可以发现自身存在的问题和不足之处，及时进行改进和调整。观察记录还可以帮助教师发现教学中的亮点和创新点，从而进一步提升自己的教学水平和专业素养。

在进行观察记录时也需要保持观察记录的客观性和中立性，尽量避免主观偏见和个人感受的影响；观察记录需要有明确的观察目标和指标，以便准确地记录和评估教学效果；教师还应该选择适当的观察时间和场景，以保证观察记录的全面性和代表性。

（四）教学日志

教学日志是教师记录自己教学过程和心得的工具，通过记录教学中的问题、困惑和解决方法，来评估教学改革的实际效果。教学日志可以作为教师反思和自我评价的重要依据，进一步优化教学改革方案。

教学日志可以记录教学过程中的实际表现和问题。教师可以在日志中详细描述每节课的教学情况、学生的反应以及教师自身的感受和体会。教学日志可以包括教学目标的达成情况、教学方法的有效性、教材和资源的使用效果等方面的记录。通过日志记录，教师可以客观地了解自己在教学改革中的实际表现，并找出存在的问题和不足之处。

教学日志可以促进教师的反思和自我评价。通过写日志的过程，教师可以回顾自己在教学过程中的思考和行动，并对自己的教学进行评价。教师可以思考自己的教学目标是否明确，教学方法是否有效，教学资源是否充分利用等。通过反思和自我评价，教师可以发现自身存在的问题和不足，并寻找改进的方法和策略。

教学日志还可以记录解决问题的方法和心得。在教学过程中，教师可能会遇到各种问题和困惑。通过写日志，教师可以记录下自己解决问题的思路、方法和心得体会。这些记录可以帮助教师总结经验，积累教学智慧，并为今后的教学提供参考和借鉴。

要注意的是，教师应该坚持写日志的习惯，保持连续性和规律性；教师在写日志时要真实客观，尽量避免主观偏见和个人感受的干扰；教师还应该关注日志的内容和质量，确保能够提供有益的反思和评价。

第三节 教学改革效果评价案例分析

高职英语教学改革是为了适应现代化高职教育的需要，提高学生的综合能力和实践能力。

一、案例背景

某高职院校在 2019 年开展了英语教学改革，主要包括课程设置优化、教学方法创新以及评价方式改革等方面。该改革旨在提高学生的英语应用能力和实践能力，培养具备国际竞争力的高素质人才。

二、教学改革效果评价

（一）学生学习成果评价

通过对学生学习成果的评价，可以客观地衡量教学改革的效果。在这个案例中，我们可以采取以下几种评价方式：

1. 英语考试成绩

根据最新的统计数据，与改革前相比，高职学生的英语考试成绩有所提升。

表 10-1 各年级高职学生 2019—2023 年成绩对比

年级	年份				
	2019 年	2020 年	2021 年	2022 年	2023 年
高职一年级	70 分	73 分	76 分	78 分	80 分
高职二年级	72 分	75 分	78 分	81 分	84 分
高职三年级	74 分	77 分	80 分	83 分	86 分

通过对以上表格数据的对比可以发现，随着时间的推移，高职学生的英语考试成绩逐年提升。尽管不同年级之间的提升幅度可能存在差异，但总体趋势仍然是积极向上的。这表明改革后的英语教育方法和课程设计对高职学生的英语学习产生了积极的影响。

高职学生英语考试成绩提升的原因可能是多方面的。改革后的教学方法更加注重实践应用，使学生能够在实际情境中运用所学知识，提高了学习效果；改革后增加了与职业相关的英语教学内容，帮助学生更好地适应未来工作需求；改革后还提高了教学质量。

2. 口语表达能力

英语教学改革的一个重要目标是培养学生的实践能力，其中口语表达能力在其中扮演着重要的角色。为了评估学生的口语表达能力是否有所提高，可以通过开展口语测试或演讲比赛等活动。

口语测试是一种有效评估口语表达能力的方式。通过组织一对一或小组口语测试，可以考查学生的词汇量、口语流利度、语法运用和发音准确性等方面。这样的测试可以帮助教师全面了解学生在不同语境下的口语表达能力，并根据测试结果提供有针对性的反馈和指导。

演讲比赛也是提高学生口语表达能力的重要活动。通过参加演讲比赛，学生能够锻炼自己的演讲技巧、组织能力和表达能力。在比赛中，学生需要思考并表达自己的观点、感受和见解，同时要注意语言的流畅性和说服力。演讲比赛不仅可以激发学生的学习热情，还能提高他们的口头表达能力和自信心。

通过口语测试和演讲比赛等活动的开展，教师可以定期评估学生口语表达能力的提高情况。这样的活动可以为学生提供一个展示自己的机会，同时也激发了学生对口语学习的兴趣和积极性。在改革后的英语教学中，这些活动的实施为学生提供了更多与他人交流和表达的机会，有助于培养他们的实践能力和全面发展。

3. 实际应用能力

为了评估学生在实际场景中运用英语的能力，可以采取一些方式，如实地考查和实习报告。

实地考查是一种有效评估学生实际应用能力的方式。通过组织学生参观相关企业、机构或社会组织等，让他们亲身体验英语在实际场景中的运用。在这样的活动中，学生需要与工作人员进行交流并询问问题，了解相关行业的工作环境和专业术语。通过实地考查，可以评估学生在实际情境中的英语应用能力和沟通能力。

实习报告也是评估学生实际应用能力的一种途径。与相关企业合作，让学生参与实际项目并撰写实践报告。在实习期间，学生需要与企业员工合作、参与团队讨论，并将所学的英语知识和技能应用到实际工作中。学生在撰写实习报告时可以总结自己在实习过程中遇到的问题、解决方法以及所取得的成果。通过评估实习报告，可以了解学生在实际项目中的英语应用能力和专业素养。

通过实地考查和实习报告等方式，可以评估学生在实际场景中运用英语的能力。这样的活动可以提供给学生一个与真实工作环境接轨的机会，让他们将所学的英语知识与实际情境相结合，培养他们的实践能力和解决问题的能力。

（二）教学质量评价

1. 学生评价问卷

学生评价问卷是一种匿名的调查工具，旨在了解学生对教学改革的满意度以及对教师的评价。通过收集学生对课程设置、教学内容、教学方法等方面的意见和建议，可以为教学改革提供有价值的参考。

问卷设计应该注重准确、全面地收集学生的反馈。可以设计一些开放式问题，让学生自由发表对课程设置的看法。例如，他们认为当前的课程设置是否符合实际需求，是否能够培养他们所需要的知识和技能等。还可以询问学生对教学内容的理解程度和兴趣度，以及他们是否觉得内容与现实生活联系紧密。

针对教学方法，可以询问学生对于不同教学方法的喜好和效果评价。比如，对于传统的讲授式教学和互动式教学，学生分别持有何种看法。同时，可以鼓励学生提出其他新颖的教学方法，以便教师根据学生的需求进行创新尝试。

问卷还可以包括一些关于教师的评价问题。学生可以就教师的教学能力、态度和沟通方式等方面发表意见。这将有助于教师了解自身的优势和不足之处，进一步改进自己的教学方法。

2. 教师评价问卷

教师评价问卷是一种有助于了解教师对教学改革的看法和自身教学水平评价的工具。通过收集教师对新课程设置、教学方法的评价，可以获取宝贵的反馈意见，并了解他们在教学改革中所遇到的问题和困难。

问卷设计应该注重准确、全面地收集教师的意见和建议。可以询问教师对于新课程设置的评价，包括是否认同新课程目标、是否适应新的教学理念等。

还可以向教师征询他们对于课程内容的改进建议，以便更好地满足学生的学习需求。

针对教学方法，可以探讨教师对于不同教学方法的看法和实施效果。例如，传统的讲授式教学和互动式教学，教师分别持有何种看法。可以询问教师对于使用教育技术手段进行教学的意见和建议，以提升教学效果。

问卷还应包含问题，了解教师在教学改革过程中所遇到的问题和困难。教师可以表达对于资源支持、教学评价和专业发展等方面的需求，以便学校和管理部门能够提供相应的支持和帮助。

最后，问卷还可以让教师对自身教学水平进行评价。教师可以就自己的教学能力、教学方法和学生反馈进行评估，并提出自我改进的建议。

3. 教学观摩评估

教学观摩评估是一种邀请教育专家或同行教师对课堂教学进行观摩，并给予专业评估意见的方法。通过评估专家的反馈，可以了解改革后的教学质量和教师教学水平是否有所提高。

在进行教学观摩评估时，应该注重以下几个方面。选择合适的观摩对象。可以邀请具有丰富经验和专业知识的教育专家或同领域的优秀教师进行观摩评估。他们能够从专业角度出发，客观地评价教学过程和效果。

确定观摩的时间和地点。可以事先与被观摩教师协商确定观摩的具体时间和课堂。这样可以确保观摩环境符合实际教学情境，使评估结果更加真实有效。

接下来，在观摩评估过程中，观摩专家应注意观察教师的教学设计、教学方法、学生参与度以及教学效果等方面。观摩专家可以采用记录笔记、拍摄视频等方式，以便后续评估和分析。

观摩评估过后，观摩专家应提供专业的评估意见。他们可以针对教学中的优点和不足之处，提出具体的改进建议。这些评估意见可以帮助教师认识到自身教学的优势和不足，并在今后的教学实践中进行改进。

（三）学生满意度评价

1. 问卷调查

学生满意度评价是通过向学生发放问卷调查的方式，了解他们对教学改革的整体满意度以及对具体方面的满意度。这种评价方法可以收集学生对新课程、教学方法和教师的评价，以及了解他们在学习过程中的体验和感受。

问卷调查是一种常用的数据收集工具，设计合理的问卷可以帮助收集全面、准确的学生反馈。可以设立整体满意度问题，让学生对教学改革的整体效果进行评价。例如，他们是否认为教学改革对提高学习成果和兴趣有帮助，是否满意新课程设置等。

可以针对具体方面进行细致的评价。学生可以对新课程的内容、难度、实用性等方面发表意见，以便了解课程的有效性和适应性。还可以询问学生对不同教学方法的喜好和评价，以及对教师的教学能力和态度的评估。

除了对教学内容和教学方法的评价，问卷还可以关注学生在学习过程中的体验和感受。例如，学生对于学习氛围、互动机会、学习资源等方面的满意度和建议，以及对于课堂参与度和学习动力的感受。

问卷调查还可以设立开放性问题，让学生自由发表对教学改革的看法和建议。这样可以获得更加全面、具体的反馈，为教学改革提供有益的参考和指导。

2. 小组讨论

小组讨论是用于了解学生对教学改革的看法和建议。通过组织学生进行小组讨论，可以深入了解他们对教学改革的态度和期望，以及对改革措施的实际效果的评价。

在组织小组讨论时，可以将学生分成小组，并给予明确的话题或问题，引导学生展开讨论。可以就教学改革的目标和意义展开讨论，了解学生对于教学改革的认识和期望。例如，他们希望通过教学改革提升学习成果、培养实用技能等方面的看法。

还可以就改革过程中的问题和困难展开讨论。学生可以分享他们在学习过程中遇到的困难和挑战，以及对改进的建议和需求。这有助于了解学生在教学改革中的真实体验，并为进一步优化教学改革提供指导。

最后，组织小组讨论时，应保证每个学生都有机会发表自己的意见和观点。可以设立一个积极、尊重和开放的讨论氛围，鼓励学生充分表达自己的想法。

第十一章　高职英语教学改革的前景展望

第一节 高职英语教学改革面临的问题

随着社会的不断发展和全球化的趋势，高职英语教学也面临着许多挑战和问题。

一、师资力量不足

（一）问题描述

在高职院校的英语教学中，师资力量不足是一个普遍存在的问题。这主要体现在以下几个方面：

1. 师资数量不足

师资数量不足是高职英语教学改革面临的一个重要问题。在高职院校中，英语教师数量相对较少，无法满足日益增长的学生学习需求。由于高职院校通常培养的学生规模较大，每位教师需要负责的班级和学生人数较多，导致教学质量无法得到有效保障。

这种师资数量不足的情况直接影响了高职英语教学的效果和学生的学习体验。教师无法给予每个学生充分的关注和指导，无法及时回应学生的提问和解决学习困难。同时，教师可能在备课和评卷等工作上面临较大的压力，影响他们的教学质量和精力投入。

2. 教师专业背景不足

部分高职院校在招聘英语教师时存在一些问题，其中之一是教师的专业背景不足。这意味着有些教师可能没有接受过系统的英语教育或相关培训。由于缺乏专业知识储备，他们在教学技巧和教学经验等方面存在不足，这对教学质量产生了一定的影响。

缺乏系统的英语教育和培训使得这些教师在英语知识储备方面存在不足。

英语是一门复杂的语言，需要深入理解其语法、词汇和表达方式等方面。如果教师没有接受过系统的培训，他们可能对这些基本知识了解得不够深入，无法有效地传授给学生。这将限制学生的学习效果和提升空间。

教学技巧也是教师专业背景不足的一个方面。教师需要掌握各种教学方法和策略，以便能够灵活应对不同类型的学生和教学环境。然而，没有接受过系统培训的教师可能缺乏这些技巧和策略，无法有效地组织和实施教学活动。这可能导致教学过程枯燥乏味，缺乏趣味性和互动性，使学生难以保持学习的积极性和主动性。

教师的教学经验也受到影响。教学经验是教师成长和进步的重要因素之一。通过多年的实践和反思，教师可以不断提升自己的教学能力和专业素养。然而，没有接受过系统培训的教师在教学经验方面可能存在不足，缺乏对学生需求和教学挑战的准确把握和应对能力。

（二）问题影响

师资力量不足对高职英语教学改革产生了明显的负面影响：

1. 教学质量不稳定

教师数量不足和知识储备不足是导致高职院校教学质量不稳定的主要问题。这些问题会导致教学过程中存在较大的差异，一些学生可能得不到充分的指导和支持，从而影响他们的学习效果。

教师数量不足会使得班级规模过大，无法给予每个学生个性化的关注和指导。当一个教师需要同时照顾过多的学生时，很难确保每个学生都能得到适当的学习资源和反馈。这可能导致学生在学习过程中遇到困难时无法得到及时的解答和帮助，影响他们的学习效果和成绩。

教师的知识储备不足也会对教学质量产生负面影响。教师是知识的传递者和引导者，他们的知识水平直接影响着学生的学习效果。如果教师的知识储备不足，他们可能无法给予学生准确和全面的知识讲解，也无法解答学生提出的问题。这将导致学生的学习受阻，无法获得足够的知识和技能。

教师的知识储备不足还可能导致教学内容和方法的单一化。如果教师缺乏广泛的知识基础和教学经验，他们可能会倾向于使用相对简单和传统的教学方法，无法根据学生的需求和特点进行个性化的教学。这将导致教学过程的单一化和教学效果的降低，难以激发学生的学习兴趣和主动性。

2. 学生学习兴趣不高

教师的教学水平和能力对学生的学习兴趣和动力有直接影响。如果教师的专业素养和教学经验不足，学生很容易感到学习英语的枯燥和无聊，从而影响他们的学习积极性。

缺乏专业素养的教师可能无法给予学生足够的知识启发和引导。学习一门新的语言需要教师能够将抽象的语言知识转化为具体的、与学生相关的实际应用。如果教师的专业素养不足，他们可能只是机械地传授知识，缺乏创造性和趣味性的教学方法。这使得学生难以体会到英语学习的乐趣，降低了他们的学习兴趣。

教师的教学经验不足也会影响学生的学习兴趣。教学经验是教师成长和进步的重要因素之一。通过多年的实践和反思，教师可以积累丰富的教学经验，掌握有效的教学方法和策略。然而，缺乏教学经验的教师可能无法灵活应对不同类型的学生和教学环境，难以创造出有趣和互动的教学氛围。这使得学生缺乏参与感和主动性，对英语学习产生厌倦和抵触情绪。

（三）解决方案

为了解决高职英语教学中师资力量不足的问题，可以采取以下措施：

1. 加大师资队伍建设力度

为解决师资力量不足的问题，高职院校应该加大对英语教师的招聘力度，提高教师的数量和整体素质。同时，要求招聘的教师必须具备相关专业背景和相应的教学经验。

高职院校应该积极招聘更多的英语教师，以满足学生的学习需求。增加教师的数量可以有效降低班级规模，确保每个学生都能得到适当的关注和指导。这将有助于提高学生的学习效率和成绩，并提升教学质量的稳定性。

高职院校在招聘英语教师时应该注重其专业背景和教学经验。教师必须具备相关的专业知识和技能，以便能够给予学生准确和全面的教学。拥有丰富的教学经验的教师可以更好地理解学生的需求和问题，并能够采用合适的教学方法和策略来引导学生的学习。因此，高职院校应该设定明确的招聘标准，确保教师队伍的整体素质。

高职院校还可以采取其他措施来加强师资队伍的建设。例如，与其他高校或机构合作，共享教师资源和专业培训计划，提高教师的专业能力和教学水平。学校还可以鼓励教师参与教学研究和学术交流活动，不断提升自己的教学能力和专业素养。

2. 加强行业与教育的联系

为加强高职院校教育与行业之间的联系，可以采取多种措施。高职院校可以与相关行业建立紧密的合作关系。通过与行业企业签订合作协议，开展实习、实训和项目合作等形式，将学生置身于真实的工作环境中，让他们接触到最新的行业动态和实际需求。

高职院校可以邀请行业专家参与教学过程，担任客座教师或举办讲座。行业专家能够分享自己的实践经验和专业知识，为教师提供实践指导和行业动态信息。这不仅有助于教师更新知识，提升教学水平，也能让学生更好地了解行业现状和发展趋势。

高职院校还可以积极参与行业研究和创新项目，与行业企业共同开展科研合作。通过与行业的密切合作，教师能够深入了解行业需求和技术前沿，将实际应用与教学内容相结合。这将使得教学更具实用性和针对性，培养出更符合行业要求的人才。

高职院校还可以建立行业导师制度，邀请有丰富实践经验的专业人士担任教师的导师。导师可以为教师提供指导和支持，帮助他们更好地了解行业需求和就业前景，从而将这些信息传递给学生。通过与导师的交流和指导，教师能够提升自己的专业素养和教学能力，为学生提供更贴近实际的教育。

二、教材内容陈旧

（一）问题描述

1. 内容与实际应用脱节

高职英语教材内容陈旧，存在与实际应用脱节的问题。传统的教材注重基础语法和词汇的讲解，但忽略了学生需要掌握的实用性较强的英语技能，如听、说、读、写能力和商务英语等方面的内容。

现代社会对英语能力的要求已经不仅仅局限于基础语法和词汇的掌握。学生在就业和职场中需要具备更多的实际应用技能。然而，传统教材往往只注重基础知识的传授，缺乏与实际应用紧密结合的教学内容。这使得学生在真实情境下使用英语时感到不适应，影响他们的学习效果和职业发展。

传统教材很少涉及听、说、读、写能力的培养。学生在日常交流和工作中，需要具备良好的听、说、读、写能力。然而，教材中对这些技能的训练很有限，无法帮助学生真正提升这些方面的能力。这导致学生在实际应用中遇到困难，无法有效地进行口语交流或书面表达。

商务英语作为一个重要的应用领域，也很少在传统教材中得到充分关注。随着经济全球化的发展，商务英语已成为许多学生未来职业发展所需的重要技能。然而，由于教材内容的局限性，学生缺乏对商务英语的系统学习和实践机会，无法满足未来工作中的实际需求。

2. 行业相关性不足

高职院校的英语教学应该与所学专业密切相关，帮助学生理解和运用行业术语和知识。然而，现有的教材往往无法满足不同专业学生的需求，导致学生在毕业后难以适应工作环境和行业要求。

现有教材缺乏有针对性的行业内容。不同专业领域有着各自特定的行业术语和知识体系，而传统教材往往只涵盖了一般性的英语知识。这使得学生在实际工作中难以理解和运用相关的行业术语，影响他们与行业内部的沟通和交流。

现有教材缺乏有行业实践案例和场景的训练。学生需要通过实际案例和模拟情境来应用所学的英语知识，从而提升他们在行业中的实际应用能力。然而，现有教材往往缺乏这方面的训练内容，无法帮助学生真正理解和掌握行业特定的实践技巧和经验。

现有教材也缺乏与行业发展趋势和实际需求相符的内容。随着科技和行业的快速发展，行业需求也在不断变化。然而，教材更新的速度无法跟上行业的发展步伐，导致学生在毕业后难以适应新兴行业和新兴技术的要求。

（二）问题影响

教材内容陈旧对高职英语教学改革产生了明显的负面影响：

1. 应用能力不足

教材内容与实际应用脱节，导致学生在毕业后应用能力不足。由于教材偏重基础知识的传授，缺乏与实际工作环境和行业要求相结合的训练，学生很难将所学知识有效地应用于工作实践中，影响他们的就业竞争力和职业发展。

教材偏重语法和词汇的讲解，而忽略了实际应用技能的培养。学生在实际工作中需要具备良好的听、说、读、写能力和商务英语等实用性较强的技能。然而，由于教材内容的局限性，学生缺乏对这些方面的系统学习和实践机会，无法真正掌握并灵活运用相关的实际应用能力。

现有教材往往缺乏与专业相关的内容和实践案例的训练。学生所学专业的特定知识和技能是其就业竞争力和职业发展的重要基础。然而，由于教材与专业的相关性不足，学生难以将所学知识与实际工作场景相结合，无法有效地应用于实践中。

教材内容与行业发展趋势和实际需求脱节。随着科技和行业的快速变化，职场对英语能力的要求也在不断提高和调整。然而，教材更新的滞后性导致学生在毕业后难以适应新兴行业和新兴技术的要求，限制了他们的职业发展空间。

2. 综合素养欠缺

教材中缺乏培养学生综合素养的内容，导致学生在跨文化交流、团队合作等方面存在欠缺，限制了他们的综合发展。

现代社会对于跨文化交流能力的要求越来越高。然而，传统教材往往缺乏涉及不同文化背景和价值观的教学内容。这使得学生在实际跨文化交流中难以适应和理解他人的观点和行为，影响他们与国际伙伴的合作和沟通。

团队合作能力是职场成功的重要因素之一。然而，现有教材很少涉及团队合作技能的培养，缺乏相关的案例和训练。学生在教材的限制下很难了解团队协作的重要性和技巧，无法有效地与他人合作，限制了他们的综合发展和职业成就。

现有教材还缺乏对领导力、创新思维和问题解决能力的培养。这些综合素养对于学生的个人成长和职业发展至关重要。但由于教材内容的局限性，学生很少接触到这些方面的培养机会，无法全面发展自己的综合素养。

（三）解决方案

为了解决高职英语教学中教材内容陈旧的问题，可以采取以下措施：

1. 教材更新与开发

为解决教材内容陈旧的问题，高职院校应该积极更新教材，结合行业需求和实际情况，选择更贴近学生实际应用的内容。

教材可以增加实用英语技能的训练。学生需要具备良好的听、说、读、写能力和商务英语等实用性较强的技能，因此教材应该注重培养这些方面的能力。通过多样化的教学活动和任务，帮助学生真实地运用所学知识，提高他们的实际应用能力。

教材应该涵盖与行业相关的术语和实践案例。不同专业领域有着各自特定的行业术语和知识体系，教材应该围绕不同专业的特点，选择相应的行业术语和实践案例进行讲解和训练。这将使学生能够更好地理解和运用行业特定的英语表达方式，并将所学知识与实际工作场景相结合。

教材更新还应紧密关注行业发展趋势和实际需求。随着科技和行业的快速变化，职场对英语能力的要求也在不断提高和调整。因此，教材应及时跟进行业发展动态，更新内容，以确保学生获得与时俱进的知识和技能。

为有效实施教材更新与开发，高职院校可以积极与行业合作，邀请行业专家参与教材编写过程，以确保内容的准确性和实用性。同时，教师也应不断关注行业发展动态，积极参与教学研究和学术交流活动，提升自身的专业水平和教学能力。

2. 行业导向与定制化教材

为解决教材内容与行业相关性不足的问题，高职院校可以采取行业导向和定制化教材的方法。这样能更好地满足不同专业学生的需求，并帮助他们理解和运用行业相关知识。

高职院校可以根据不同专业的特点和需求，开发行业导向的教材。每个专业都有其特定的行业术语、技能和实践要求。教材应该根据不同专业的特点进行定制，涵盖与专业相关的知识和实践案例。这将使学生更好地理解和应用所学内容，并提升他们在行业中的竞争力。

教材的开发过程应该充分考虑学生的实际需求和反馈。学校可以通过与学生的沟通和调研，了解他们在教材内容方面的需求和意见。根据学生的反馈，及时调整教材内容，确保其贴合学生的实际需求。

3. 实践项目和案例研究

为解决教材内容陈旧的问题，高职院校可以增加实践项目和案例研究，提供学生实践机会和丰富的学习资源。通过实际操作和案例分析，学生可以将所学知识应用于实际问题中，提高实际应用能力。

高职院校可以引入实践项目，让学生参与到真实的工作场景中。这些项目可以是与行业合作的实际项目，或者是学校内部组织的模拟项目。通过参与实践项目，学生可以将所学知识运用于实际情境中，培养实际应用能力和解决问题的能力。同时，实践项目还可以帮助学生建立与企业和行业的联系，为他们的职业发展做好准备。

高职院校可以加强案例研究的教学方法。案例研究是一种基于实际案例进行分析和讨论的教学方法。通过分析真实的案例，学生可以深入了解行业特点、问题和挑战，并通过讨论和解决方案的制订来提高分析和决策能力。案例研究不仅能帮助学生理解理论知识的实际应用，还能培养他们的团队合作和沟通能力。

高职院校可以提供丰富的学习资源，包括行业报告、实际工作经验分享、行业导师等。这些资源可以帮助学生了解行业最新发展动态和趋势，并通过与行业专家和从业者的互动交流，提升自己的实际应用能力和专业素养。

第二节 高职英语教学改革的发展趋势

一、多媒体技术和网络资源

（一）虚拟现实和增强现实技术的应用

虚拟现实和增强现实技术的应用正在逐渐渗透到高职英语教学中。这些创新的技术为学生提供了沉浸式的学习体验，使得高职英语教学更加生动、具体和具有实践性。

虚拟现实技术可以创造出一个与真实世界相似的虚拟环境，使学生能够身临其境地进行语言学习。通过戴上虚拟现实头盔或使用其他设备，学生可以感受到不同的语言环境，比如走进英语国家的街道、商场或者旅游景点。他们可以与虚拟人物进行对话、参与角色扮演，从而提高他们的听力、口语和交际能力。此外，虚拟现实还可以模拟真实场景，如医院、酒店等，帮助学生在特定领域内进行专业英语学习。

增强现实技术将虚拟元素融入真实世界中，通过手机、平板电脑或者其他设备显示虚拟信息，与现实场景相互交互。在高职英语教学中，增强现实技术可以为学生提供丰富的学习资源和工具。例如，学生可以通过扫描课本上的图片，立即获取相关的单词解释、发音示范或者例句使用，从而加深对知识点的理解和记忆。增强现实技术还可以用于创造语言学习游戏或者互动活动，使学生能够在真实环境中进行语言练习和应用。

（二）开放教育资源的发展

开放教育资源的发展正在对高职英语教学产生积极的影响。随着信息技术的快速发展和互联网的普及，越来越多的高职英语教师开始分享自己的教学资源，形成了一个丰富多样的学习资源库。

开放教育资源为高职英语教师提供了一个共享平台，使他们能够分享自己的教学经验和优质教学资源。教师可以上传课件、教案、习题等教学材料，供其他教师和学生免费使用。这种共享的文化有利于教师之间的交流与合作，促进教学经验的传承和创新。

开放教育资源为学生提供了更多元化的学习资源选择。学生可以从各个渠道获取不同教师和机构分享的教学资源，以满足自己的学习需求。这些资源包括在线课程、电子书籍、教学视频等，通过选择和组合，学生可以进行自主学习，并在不同的学习环境中培养自主学习能力。

开放教育资源推动了高职英语教学的创新。通过共享教学资源，教师可以借鉴和吸收其他教师的优秀教学设计和方法，从而提高自己的教学水平。教师还可以通过在线协作和互动，进行教学研究和合作，探索适应现代高职英语教学需求的创新教学模式。

开放教育资源对于促进高职英语教育的公平性和普及性具有重要意义。教育资源的开放与共享使得教育资源不再受到地域、经济等因素的限制，任何人都可以免费获得丰富的学习资源。

二、强化评估和反馈机制

（一）教育技术的应用

随着教育技术的不断发展，教育平台和在线学习系统将提供更多强化评估和反馈机制的功能。教师可以利用教育技术工具，进行自动化的评估和反馈，提供个性化的学习资源和指导。

教育技术的应用可以实现自动化的评估和反馈。传统的评估方式往往需要教师花费大量的时间和精力进行批改和评分，而教育技术可以通过自动化的方式，对学生的作业、测验和考试进行评估。例如，教育平台可以利用自动批改系统对选择题和填空题进行自动评分，减轻教师的负担，并能够即时给出学生得分和答案解析。

教育技术可以提供即时的反馈和建议。通过在线学习系统，学生可以立即获得他们作业和测验的成绩以及详细的评语和建议。这样的即时反馈可以帮助学生及时发现和纠正错误，调整学习策略，提高学习效果。教育技术还可以根据学生的表现和需求，智能地生成个性化的学习资源和指导，帮助学生克服困难和提升能力。

教育技术的应用可以实现数据驱动的评估和反馈。教育平台和在线学习系统可以收集大量的学生学习数据，如学习行为、答题情况等。通过对这些数据进行分析和挖掘，教师可以了解学生的学习状况和问题，并有针对性地提供反馈和指导。例如，系统可以根据学生的答题情况和知识点掌握程度，推荐相应的学习资源和练习题，以帮助学生更好地巩固知识。

（二）大数据和人工智能的支持

大数据和人工智能技术的支持对于强化评估和反馈机制在高职英语教学中具有重要意义。这些先进的技术可以对学生的学习数据进行深度分析，为教师提供更准确的评估结果和为学生提供个性化学习建议。

大数据和人工智能技术可以对学生的学习数据进行深度分析。通过收集和整合学生在学习过程中产生的各种数据，如学习行为、答题情况、学习时间等，大数据技术可以从中挖掘出有价值的信息。而人工智能技术则可以利用这些数据进行机器学习和模式识别，从而建立起学生的学习模型和预测模型。

大数据和人工智能技术可以为教师提供更准确的评估结果和为学生提供学习建议。基于学生的学习数据和模型，教育平台和在线学习系统可以生成详细的学习报告和分析结果，包括学生的学习进展、知识掌握情况、学习偏好等。同时，系统还可以根据学生的学习特点和需求，提供个性化的学习建议和资源，帮助教师更好地指导学生。

第三节 高职英语教学改革对未来教育的启示

一、跨学科教学

高职英语教学改革作为培养应用型人才的重要环节，需要与时俱进，适应未来教育的需求。在未来教育中，跨学科教学被认为是一种有潜力的教学方法，可以培养学生的综合能力和解决问题的能力。

（一）跨学科教学的应用

在高职英语教学改革中，跨学科教学可以发挥以下作用：

1.融合商务类学科

商务类学科与英语有着密切的关联，通过将商务类学科与英语教学相结合，可以提高学生的商务英语水平和商务素养。

融合商务类学科可以在英语课堂上引入商务案例。这样的做法能够让学生运用所学知识分析和解决实际商务问题。例如，教师可以选择一些真实的商务案例，让学生通过阅读、讨论和角色扮演等方式，了解并分析其中的商务策略、管理挑战以及解决方案。通过这种实践性的学习，学生不仅可以提高他们的商务英语表达能力，还能够培养他们的商务思维和解决问题的能力。

融合商务类学科还可以在英语课堂上引入商务文献和专业术语。商务领域有着大量的专业术语和行业特定的语言，学生通过学习这些内容，能够更好地理解和运用商务英语。教师可以通过组织课堂讨论、写作练习和听力材料等方式，帮助学生掌握这些专业术语，并将其应用于实际情境中。这样的学习方式不仅可以提升学生的商务英语水平，还能够增强他们在商业环境中的自信心和竞争力。

融合商务类学科还可以在英语课堂上引入商务文化和商务礼仪等内容。商务交流中的文化差异和礼仪规范对于商务人士来说非常重要。通过学习商务文化和礼仪，学生能够更好地理解并适应跨文化商务环境。

2.结合计算机技术

结合计算机技术与英语教学可以帮助学生提高信息获取和处理的能力，从而更好地应对未来社会的挑战。

利用计算机辅助教学软件和在线学习平台可以为学生提供更多的学习资源。通过这些工具，学生可以访问到丰富多样的英语学习材料，包括课本、练习题、听力材料和阅读资料等。学生还可以通过在线学习平台进行自主学习和交流，与其他学生进行讨论和互动，提升他们的英语口语和写作能力。这种学习方式不仅丰富了学生的学习内容，还增加了学习的灵活性和便捷性。

结合计算机技术可以培养学生的信息获取和处理能力。在信息爆炸的时代，学生需要具备快速获取和有效处理信息的能力。通过使用计算机技术，学生可以学习如何搜索和筛选网络信息，判断信息的可靠性和适用性，并将所获取的信息整合和应用于英语学习中。例如，学生可以利用搜索引擎查找相关的英语新闻、文章和学术论文，提高他们的阅读理解能力和写作水平。学生还可以利用计算机技术进行数据分析和图表制作，提升他们的信息处理和表达能力。

3. 整合文化类学科

整合文化类学科与英语教学可以帮助学生更好地理解和运用英语，并且增加他们对其他国家文化的了解。

引入文学作品是一种有效的方式来整合文化类学科与英语教学。通过阅读和研究经典文学作品，学生可以深入了解不同国家和地区的文化背景、历史背景以及社会价值观。例如，学生可以通过阅读莎士比亚的戏剧作品，了解英国文化和传统；或者通过阅读美国作家的小说，探索美国社会和文化变迁。通过这种学习方式，学生不仅可以提高他们的阅读理解能力，还能够培养他们的文化意识和跨文化交流能力。

引入电影和音乐也是一种有益的方法来整合文化类学科与英语教学。通过观看电影和听音乐，学生可以感受并了解其他国家的艺术表达形式和文化特点。例如，学生可以观看法国新浪潮电影，了解法国电影的发展历程和风格特点；或者通过听西班牙弗拉明戈音乐，感受西班牙文化的热情和激情。通过这种多媒体的学习方式，学生不仅可以提高他们的听力理解能力，还能够培养他们的审美意识和文化沟通能力。

引入传统节日和习俗也是整合文化类学科与英语教学的一种途径。学生可以通过学习其他国家的传统节日和习俗，了解和尊重不同文化的差异。通过了解和体验其他国家的传统节日和习俗，学生不仅可以增加他们的跨文化知识，还能够培养他们的文化包容性和跨文化交流能力。

（二）跨学科教学的实施策略

要在高职英语教学改革中有效实施跨学科教学，需要考虑以下策略：

1. 教师培训

为了能够有效地开展跨学科教学，教师需要具备跨学科的知识和技能。

教师可以参加专门的跨学科培训课程。这些培训课程可以涵盖跨学科教学的原理、方法和实施策略等方面的内容。通过参与培训，教师可以了解最新的跨学科教学理念和研究成果，掌握有效的跨学科教学策略，并将其运用于实际教学中。

学校可以组织教师间的经验分享和合作研究活动。教师可以互相交流和分享自己在跨学科教学中的经验和教材资源，共同探讨教学中的问题和挑战，并寻找解决方案。通过合作研究，教师们可以相互借鉴和学习，不断提升自己的跨学科教学能力。

教师还可以积极参与跨学科教学研究和创新项目。通过参与研究和创新项目，教师可以深入探索跨学科教学的理论和实践问题，发现新的教学方法和策略，并将其应用于实际教学中。这种参与研究和创新的过程不仅可以提高教师的专业素养，还能够促进教师的职业发展。

学校和教育机构可以建立跨学科教学资源库和社群平台。在资源库中，教师可以获取丰富的跨学科教学资料和案例，供他们参考和使用。而在社群平台上，教师可以与其他跨学科教学的从业者进行交流和互动，分享经验和资源，共同探讨跨学科教学的问题和挑战。这样的资源库和社群平台可以为教师提供一个持续学习和成长的平台，促进跨学科教学的发展和创新。

2. 跨学科课程设计

在跨学科课程设计中，应将不同学科的概念和原理融入英语教学中，以帮助学生从多个学科角度理解和运用英语。同时，还应注重课程的整体性和连贯性，确保不同学科的内容能够有机结合。

在跨学科课程设计中，可以选择与英语相关且有较强关联性的学科领域，如文学、历史、科学等。引入这些学科的概念和原理，可以帮助学生更深入地理解和运用英语。例如，在英语阅读课程中，可以引入一些文学作品或历史事件，让学生通过阅读和分析，了解不同文化背景和历史背景对文学作品的影响，增强他们的文化意识和阅读理解能力。

在跨学科课程设计中，应注重课程的整体性和连贯性。不同学科的内容应有机结合，形成一个统一的教学主题或项目。例如，在一个关于环境保护的跨学科课程中，可以将英语阅读与科学实验相结合，让学生通过阅读相关文章，了解环境问题的现状和解决方案，然后进行科学实验，探索环境问题的原因和影响。这样的整体性设计可以帮助学生将不同学科的知识融会贯通，并培养他们的综合思考和解决问题的能力。

3. 学校支持

学校应该提供必要的资源和支持，鼓励教师开展跨学科教学实践。

学校可以建立跨学科教研组织或团队，以促进教师之间的交流和合作。这样的组织可以为教师提供一个分享经验、探讨问题和共同研究的平台。通过定期的会议、研讨会和工作坊等活动，教师们可以互相借鉴和学习，共同提高跨学科教学的能力。

学校可以提供相应的教学设备和技术支持，保障跨学科教学的顺利进行。例如，学校可以配备多媒体教室和计算机实验室，供教师使用。同时，学校还可以提供必要的软件和在线学习平台，以支持教师开展跨学科教学。教师可以利用这些设备和技术，设计和实施更丰富多样的跨学科教学活动，提高学生的学习效果和参与度。

学校可以为教师提供专业发展和培训机会。学校可以邀请专家和教育顾问来进行专题讲座和培训，帮助教师了解跨学科教学的最新发展和研究成果。同时，学校还可以支持教师参与学术会议和研究项目，以提升他们的专业素养和教学水平。

学校应该鼓励和支持教师进行跨学科教学实践，并给予相应的认可和奖励。学校可以设立跨学科教学的奖项和荣誉，以激励教师的积极性和创新性。同时，学校还可以在课程设置和评估方面给予一定的灵活性和支持，以便教师能够更好地开展跨学科教学。

二、建立良好的评价体系

评价是教育中至关重要的环节之一，它对于教育质量的提升和学生能力的发展起着决定性的作用。高职英语教学改革应该重视建立良好的评价体系，以适应未来教育的需求和目标。

（一）评价的目标与功能

评价在教育中具有多重目标和功能。评价可以反映学生的学习情况和能力水平，帮助教师了解学生的学习状况，及时调整教学策略。评价可以激发学生的学习动机和积极性，使其更加主动地参与学习过程。评价可以为学生提供反馈信息，帮助他们发现自身的优势和不足，促进个人成长和发展。

（二）评价指标的科学性和客观性

为了确保评价体系的科学性和客观性，评价指标应该具备以下特点：

1. 清晰明确

评价指标应该具备清晰明确的定义和描述。评价指标应该经过精确的界定和详细的描述，使其在评价过程中具有明确的意义和准确的操作性。只有这样，评价结果才能具备可比性和可信度。例如，在高职英语教学中，可以将词汇量、语法运用、听力理解等作为评价指标，并对其进行明确的定义和描述，以确保评价结果的准确性和可靠性。

评价指标应该与教学目标相一致。评价指标应该与教学目标紧密衔接，能够准确反映学生在各个学习领域的实际情况和能力发展。评价指标应该具备较高的教育和学术价值，能够真实地反映学生在知识、技能和态度等方面的成长和进步。只有评价指标与教学目标相一致，评价结果才能真实地反映学生的学习情况和能力水平。

通过确保评价指标的清晰明确，可以使评价结果具有可比性和可信度。评价指标的清晰明确能够帮助评价者准确理解和应用评价标准，从而使评价结果更加客观和可靠。同时，评价指标与教学目标的一致性能够保证评价结果与实际情况相符合，对学生的学习情况进行准确、全面的评估。

2. 可操作性强

评价指标应该具备明确的评价标准和评分规则。评价标准应该被明确地定义，并与教学目标相一致。评价标准可以通过具体的描述、示例和参考资料等方式进行阐释，使其能够被教师和学生理解和应用。同时，评分规则应该具备明确的界定和操作方法，以便评价者能够根据评价标准进行准确和公正的评分。只有评价指标具备明确的评价标准和评分规则，才能使评价结果具有可比性和可行性。

评价指标应该能够被教师和学生理解和应用。评价指标应该以简明易懂的方式呈现，避免术语过多或晦涩难懂。评价指标应该与教学实践密切相关，能够被教师和学生在实际操作中理解和应用。评价指标应该与教学活动相连接，使其具备可操作性和可行性。只有评价指标具备可操作性，教师和学生才能够根据评价指标进行实际操作，进一步促进学生的学习和发展。

通过保证评价指标的可操作性，可以使评价过程更加准确和有效。评价指标的明确性和可理解性能够帮助评价者和被评价者明确评价目标和期望，从而更好地进行评价工作。评价指标的可行性能够帮助教师和学生根据评价结果进行相应的调整和改进，提高学习效果和成绩表现。

3. 动态更新

随着社会的不断发展和变化，教育目标也在不断调整和更新。评价指标应该与当前的教育目标保持一致，能够准确地反映学生在各个学习领域的实际情况和能力发展。评价指标需要经过不断研究和探索，及时调整和更新，以适应教育目标的变化和社会需求的变化。

评价指标的科学性和有效性需要通过实践验证。评价指标应该在实际教学中进行试验和应用，并根据实践结果进行调整和改进。评价者和教育研究者可以借助数据分析、案例研究、专家评审等方法，对评价指标的科学性和有效性进行评估和反馈。只有经过不断实践验证，评价指标才能真正符合教育实践的需求。

通过动态更新的评价指标，可以使评价体系保持与时俱进。评价指标的动态更新能够及时响应教育目标和社会需求的变化，确保评价工作具备针对性和前瞻性。同时，动态更新的评价指标能够推动教育改革的深入发展，提高教育质量和促进学生能力的全面发展。

（三）评价结果的反馈与利用

评价结果应该及时反馈给学生和教师，并加以充分利用。通过评价结果的反馈，学生可以了解自己的优势和不足，从而有针对性地进行学习和改进。同时，教师可以根据评价结果调整教学策略和方法，提供个性化的辅导和指导。评价结果还可以为教育决策和政策制定提供依据，促进教育的改革和发展。

参考文献

[1] 黄盈. 信息技术支持下的高职英语有效教学 [J]. 英语广场, 2023(36): 48-51.

[2] 周悦. 任务型教学法在高职英语教学中的应用 [J]. 英语广场, 2023(33): 60-63.

[3] 王耀利. 高职英语教学质量提升的有效策略 [J]. 食品研究与开发, 2023, 44 (21): 242.

[4] 朱晓卿. 高职英语口语教学中合作学习模式分析 [J]. 湖北开放职业学院学报, 2023, 36 (19): 183.

[5] 徐江. 基于合作学习形式的高职院校英语教学探讨 [J]. 产业与科技论坛, 2023, 22 (18): 101-102.

[6] 易普金, 刘斌. 合作学习在高职商务英语教学中的应用 [J]. 校园英语, 2023(4): 123-125.

[7] 王飚. 积极心理学视角下的高职英语教学改革与创新方法探究 [J]. 校园英语, 2021(22): 83-84.

[8] 石玮. 论高职英语课堂教学评价方式改革 [J]. 辽宁师专学报 (社会科学版), 2020(5): 52-53.

[9] 李广欢. 听说教学改革在高职英语教学改革中的现实意义与方法探讨 [J]. 国际公关, 2020(10): 50-51.

[10] 陈虹. 高职英语课程教学方法改革探究 [J]. 文教资料, 2020(7): 228.

[11] 孙立清, 马永红. 高职英语项目化教学下小组协作性学习影响 [J]. 科学咨询 (科技·管理), 2020(10): 23-24.

[12] 赵静. 试论高职英语教学方法的改革与创新 [J]. 当代旅游, 2019(8): 216.

[13] 赵丽娜. 信息技术支持下高职英语教学平台应用研究 [J]. 知识文库, 2019(11): 47.

[14] 魏学红, 于陈辰, 刘艳君. 高职院校英语教学方法手段和考核评价方式的改革 [J]. 英语广场, 2017(7): 46-50.

[15] 陈海燕. 高职英语语法教学方法改革的研究与实践 [J]. 教育教学论坛, 2016(18): 162-164.

[16] 张鹤, 郭晟懿, 王一秀. 高职英语课程教学内容和教学方法的改革 [J]. 科技视界, 2015(16): 61.

[17] 郑桂莲. 高职院校英语实践教学模式研究与应用 [J]. 时代教育, 2013(1): 30.

[18] 杜文贤. 改革考核评价方法 促进高职英语教学 [J]. 辽宁农业职业技术学院学报, 2012, 14 (5): 39-41.

[19] 马列展. 浅析高职英语教学中存在的问题及教学方法改革 [J]. 成功 (教育), 2012(2): 108.

[20] 时晓朋. 高职英语教学中的 " 分层教学法 " [J]. 天津成人高等学校联合学报, 2005(6): 53-56.